W0074427

Poetischer Venedig-Führer

Poetischer Venedig-Führer

Italienisch und deutsch

Zusammengestellt, eingeleitet
und mit Kommentaren versehen von
Willi Jung

Wissenschaftliche Buchgesellschaft

Alle Abbildungen © Joachim Feist, Pliezhausen.

Die Deutsche Bibliothek verzeichnet diese Publikation
in der Deutschen Nationalbibliografie;
detaillierte bibliografische Daten sind im Internet über
http://dnb.ddb.de abrufbar.

Das Werk ist in allen seinen Teilen urheberrechtlich geschützt.
Jede Verwertung ist ohne Zustimmung des Verlages unzulässig.
Das gilt insbesondere für Vervielfältigungen,
Übersetzungen, Mikroverfilmungen und die Einspeicherung in
und Verarbeitung durch elektronische Systeme.

© 2003 by Wissenschaftliche Buchgesellschaft, Darmstadt
Gedruckt auf säurefreiem und alterungsbeständigem Papier
Printed in Germany

Besuchen Sie uns im Internet: www.wbg-darmstadt.de

ISBN 3-534-15053-8

Inhalt

Von der Mitte des 20. bis zum Beginn des 21. Jahrhunderts

Einleitung

„Meine Glocken läuten Gedichte, mein Venedig versinkt nicht",
dichtet Rose Ausländer und bringt damit auf den lyrischen Begriff,
was die Literatur seit zwei Jahrhunderten fasziniert: die produktive
Kraft einer Untergangsmetapher. Mit dem Untergang der einst so
mächtigen Seerepublik, eingeleitet durch die Truppen Napoleons,
setzt mit Beginn der Romantik der literarische Venedig-Mythos ein,
der seine Existenz bis heute zäh behauptet, indem er die einstige
politische Größe der Serenissima durch ihre literarische Dignität ersetzt. „Die Stadt hat nicht ihresgleichen und sucht es nicht. Ein steinernes Schiff fährt auf, ist hier und fern", schrieb der Philosoph
Ernst Bloch 1934 in *Venedigs italienische Nacht*. Das „steinerne
Schiff" ist zur produktiven Metapher einer schwimmenden Stadt
geworden, in der offensichtlich – wie in keiner anderen Stadt – un-
abhängig von Raum und Zeit zugleich Wirkliches und Imaginäres
zusammengeführt werden.

Die Lagunenstadt ist zugleich urbane Realität und darüber hinaus
bedeutender Kulturmittelpunkt Europas mit zahlreichen wissen-
schaftlichen Institutionen wie Universität, Hochschulen für Architektur, Musik und Fremdsprachen, der Akademie der Wissenschaf-
ten, der Kunstakademie sowie nautischen und ozeanographischen
Instituten, der 1468 gegründeten Markusbibliothek, dem Staats-
archiv und zahlreichen Museen (v.a. Galleria dell'Accademia, Mu-
seum Correr, Galleria d'Arte Moderna, Sammlung Guggenheim).
Alle zwei Jahre finden internationale Kunstausstellungen, Musik-
und Filmfestspiele (Biennale) in Venedig statt. Die Wirtschaft Venedigs beruht auf der Industrie von Mestre und Marghera, auf seinem
Hafen (Porto Marghera), dem Fremdenverkehr und unzähligen
kunstgewerblichen Erzeugnissen.

Venedig ist inmitten der nördlich des Podeltas gelegenen Lagune
auf mehr als 100 kleinen Inseln erbaut, 2 km vom Lido und 4 km
vom Festland entfernt, mit dem es durch eine Bahn- und Straßen-
brücke verbunden ist. Den Brückenkopf bildet das dicht besiedelte
Mestre. Der Flughafen Marco Polo liegt ebenfalls auf dem Festland.

Abb. 1: Fassade des Dogenpalastes, Piazzetta San Marco.

In der Umgebung liegen das Seebad Lido, die Friedhofsinsel mit der Kirche San Michele, die Inselstädte Murano, Burano und Torcello.

Venedig ist (wie die gesamte obere Adriaküste) von der Landsenkung betroffen, so daß bei Sturmfluten der 59 cm über Mittelwasser gelegene Markusplatz immer öfter überschwemmt wird. Durch die Senkung sind über 600 historisch wertvolle Bauten gefährdet und konnten nur z. T. mit internationaler Hilfe restauriert werden. Darüber hinaus schädigen weiterhin Industrieabgase die Marmorbildwerke, da das Sondergesetz der italienischen Regierung zur Rettung Venedigs von 1973 bislang wenig konkrete Ergebnisse gebracht hat.

Die Stadt bietet durch ihre Lage, mit ihren über 150 Kanälen, etwa 400 Brücken, Palästen und Kirchen einen einzigartigen Anblick. Die Gebäude sind auf tiefe Pfahlroste gegründet. Mittelpunkt ist der Markusplatz, an dessen Ostseite sich die fünfkuppelige Markuskirche erhebt. Viele Kunstwerke wurden während der Kreuzzüge im Orient erbeutet, so u. a. in Konstantinopel vier Bronzepferde aus hellenistischer Zeit, die 1204 über dem Mittelportal aufgestellt und inzwischen durch Kopien ersetzt wurden. An der nördlichen Seite des Markusplatzes befinden sich die um 1500 begonnenen und von J. Sansovino 1538 vollendeten Alten Prokuratien, an der Südseite die von Vincenzo Scamozzi und B. Longhena entworfenen Neuen Prokuratien. Den Markusplatz überragt der ursprünglich um 900 errichtete, im 12. Jahrhundert erhöhte und Anfang des 16. Jahrhunderts erneuerte Campanile. Nach dem Einsturz von 1903 wurde er dann bis 1912 rekonstruiert. An der Piazzetta mit den beiden Säulen des hl. Theodor und des Markuslöwen liegt der zwischen 1309 und 1442 errichtete Dogenpalast mit seiner reich gestalteten Fassade. In den Prachtsälen finden sich Gemälde von Tizian, Paolo Veronese, Tintoretto u. a.. Die Südfront des Dogenpalastes ist mit dem ehemaligen Staatsgefängnis durch die 1603 vollendete »Seufzerbrücke« verbunden. Von der Piazzetta aus führt die Hauptverkehrsader, der 3,8 km lange Canal Grande, in s-förmiger Windung zum Bahnhof. Am Kanal liegen zahlreiche Paläste, u. a. der gotische Ca' d'Oro, die Palazzi Vendramin-Calergi, Corner, Grimani, Pesaro und Rezzonico. Der erstmals 1228 belegte Fondaco dei Tedeschi war die Niederlassung der deutschen Kaufleute. Über den Canal Grande führen drei Brücken, darunter die Rialtobrücke (1588–91). Bedeutende Kirchen sind u. a. Santi Giovanni e Paolo mit den Grabmälern von Dogen und Feldherren (vor der Kirche steht das Reiterdenkmal des Colleoni von A. del Verrocchio), dann Santa Maria Gloriosa dei Frari mit Werken und dem Grabmal Tizians, Santa Maria dei Miracoli, San Salvatore, Il Redentore auf der Insel La Giudecca und San Giorgio Maggiore auf der gleichnamigen Insel – beide wurden von A. Palladio entworfen – und schließlich die Kuppelkirche Santa Maria della Salute von B. Longhena. Es überrascht daher nicht, daß Venedig von der UNESCO zum Weltkulturerbe erklärt wurde.

Zu einer dauerhaften Besiedlung Venedigs kam es erst 568 nach dem Einfall der Langobarden in Venetien. Die Inseln standen zunächst unter der Oberhoheit des byzantinischen Exarchen von Ravenna. Mit der Zurückdrängung des byzantinischen Einflusses gewann das Amt des auf Lebenszeit gewählten Dogen an Bedeutung.

Seit dem 10. Jahrhundert breitete Venedig, die „Republik von San Marco" – so genannt nach den Reliquien des hl. Markus, die 828 in Alexandria geraubt und nach Venedig gebracht wurden –, seine Macht an der Ostküste der Adria in Dalmatien und Istrien aus. Neben Genua errang es die wirtschaftliche Vormachtstellung in der Levante und die Seeherrschaft im östlichen Mittelmeer. Im 4. Kreuzzug, den der Doge Enrico Dandolo gegen das Byzantinische Reich lenkte (1202–04), wurde Konstantinopel erobert und das Lateinische Kaiserreich errichtet. Im Innern bildete sich eine oligarchische Verfassung heraus; um die Macht des Dogen einzuschränken, wurde 1172 der „Große Rat" ernannt, dessen Mitgliedschaft nur den alten Adelsfamilien zustand, als der eigentlich regierende Ausschuß wurde 1310 der „Rat der Zehn" eingesetzt. Seit Ende des 14. Jahrhunderts unterwarf sich Venedig das nordostitalienische Festland, die „Terra ferma". Gegen Genua blieb Venedig im „Chioggiakrieg" (1378–81) siegreich und gewann 1489 die Insel Zypern hinzu. Auch kulturell erlebte es im 15. und 16. Jahrhundert seine Blütezeit mit der Verbreitung des Humanismus und der Ausstrahlung der sogenannten Venezianischen Schule. Inzwischen leitete die Verlagerung des Welthandels in den atlantischen Raum den Niedergang der venezianischen Macht ein, so daß parallel dazu die Adelsrepublik ihren levantinischen Besitz nach und nach an das Osmanische Reich verlor. 1797 besetzte Napoleon Bonaparte nicht nur Venedig und beendete die Adelsherrschaft, sondern er schlug auch das Gebiet westlich der Etsch und die Ionischen Inseln dem französischen Machtbereich zu und gab den Hauptteil Venetiens mit Istrien und Dalmatien an Österreich. Dieses verlor seinen Besitz zwar 1805 an das napoleonische Königreich Italien, erhielt ihn aber 1814/15 zurück. Von März 1848 bis August 1849 erhob sich Venedig vergeblich gegen Österreich. 1866 kam Venetien an das neue Königreich Italien; Istrien und Dalmatien blieben noch bis 1918 österreichisch.

Dieser kurze Blick auf die Geschichte Venedigs als Kulturmetropole macht auf seine Weise deutlich, warum von diesem urbanen Gesamtkunstwerk eine solche Faszination auf die Literatur ausging. Der Florentiner Schriftsteller und Staatstheoretiker Machiavelli hat sich 1531 noch recht nüchtern zur Entstehung Venedigs geäußert:

„Venedig entstand, als sich viele Leute auf einige Inseln an die Spitze des Adriatischen Meeres geflüchtet hatten, um den ewigen Kriegen zu entgehen, die in Italien nach dem Untergang des römischen Reiches durch die fortwährenden Barbareneinfälle ausbrachen." Dabei konnte Machiavelli noch nicht ahnen, daß sich die Stadt im Laufe ihrer Geschichte von einem Ort der Zuflucht zu einer immer mächtigeren Seerepublik entwickeln sollte. Für kaum eine Stadt der Welt, außer vielleicht noch für Rom und Paris, gilt so sehr wie für Venedig, was in gewissem Maße den Zauber jeder geschichtsträchtigen Stadt ausmacht: es ist weniger eine empirische Wirklichkeit als etwas zwar durchaus im höchsten Grad Reales, aber anderer Ordnung, nämlich ein Produkt aus Bildern und Texten, also – da Bilder stets vermittelt sind durch von ihnen illustrierte oder sie interpretierende Literatur – vornehmlich aus Texten. Mithin so etwas wie ein Mythos. Gegen Ende des 18. Jahrhunderts hat sich als literarische Konstante das herausgebildet, was man das „unheimliche Venedig" nennen könnte. Diese Konstante hat Walter Pabst in seinem Essay *Satan und die alten Götter in Venedig* (1955) untersucht. Das „unheimliche Venedig" ist, wie Pabst zeigt, gleich dem „unheimlichen Italien" nicht indigen, sondern im wesentlichen „eine Funktion des westlichen und nordischen Exotismus". Historisch erklärt Pabst das Unheimlichwerden Italiens oder Venedigs mit dem „Untergang – sei es der Staatsmacht (…) sei es der Staatsgottheiten". Damit wäre zugleich auch erklärt, warum Venedig so spät erst, im ausgehenden 18. Jahrhundert, unheimlich wird, dann aber zum unheimlichen Ort *par excellence*. Daß die Verunheimlichung Venedigs im Schauerroman (Cazotte, Schiller) der formellen Liquidierung der Serenissima vorausgeht, ist kein Einwand: die Staatsmacht Venedigs war lange vor 1797 schon ein Leichnam (wie man u. a. in Ippolito Nievos *Confessioni di un italiano* nachlesen kann), als Folge einer bereits im 16. Jahrhundert einsetzenden Agonie der Wirtschaftsmacht Venedigs und seiner politischen Klasse. Noch etwas scheint Venedig im ausgehenden 18. Jahrhundert für eine exotische Unheimlichkeit geeignet zu machen: es ist nicht nur der letzte bedeutende italienische Staat, der fiel, es ist zugleich auch der erste europäische Staat, in dem sich die bürgerliche, auf kolonialer und industrieller Ausbeutung gegründete Gesellschaft konstituierte. Der Tod

Venedigs ist daher für den Blick des Touristen aus den sich entwickelnden neuen Industrienationen im 19. Jahrhundert so etwas wie ein *Memento mori.*

Die Geschichte der Stadt, vom einstigen Zufluchtsort zur mächtigen Seerepublik, kulminierte im späten 19. und beginnenden 20. Jahrhundert in einer literarischen Inszenierung, die Venedig in ein Kultobjekt der europäischen Literatur verwandelt hat. Venedig ist bis heute ein ungebrochener literarischer Mythos, an dessen Entstehung, Verbreitung und Variation immer wieder neue Dichtergenerationen aus der ganzen Welt mitwirken. So konnte rückblickend etwa Thomas Mann konstatieren: „Das war Venedig, die schmeichlerische und verdächtige Schöne – diese Stadt, halb Märchen, halb Fremdenfalle, in deren fauliger Luft die Kunst einst schwelgerisch aufwucherte und welche den Musikern Klänge eingab, die wiegen und buhlerisch einlullen". Ohne kritische Untertöne, geradezu enthusiastisch hatte bereits 1900 der italienische Dichter Gabriele d'Annunzio seine Faszination von dieser Stadt umschrieben: „Kennen Sie irgendeinen anderen Ort der Welt, der in gewissen Stunden imstande ist, die menschliche Lebenskraft anzuregen und alle Wünsche bis zum Fieber zu steigern, wie Venedig? Kennen Sie eine gewaltigere Verführerin?"

Ist Venedig eine Stadt „beladen mit Literatur", wie es der italienische Schriftsteller Guido Piovene formulierte, so gilt dies weit über die Belletristik hinaus. Unzählige Führer vermitteln einen jeweils spezifischen Zugang zur Stadt. Was kann jedoch unmittelbarer und zugleich einfühlsamer sein, als eine unbekannte oder schon bekannte Stadt wie Venedig mit den Augen eines Dichters neu oder anders zu erleben?

Ein Blick in Literaturgeschichten und literarische Anthologien verrät sehr schnell, daß Venedig als Stadtsujet der italienischen Lyrik keine – anderen Städten vergleichbare – Fortune erlebt hat. Ein Blick auf die deutsche Venedig-Dichtung wiederum zeigt, daß schon rein quantitativ die deutschen Venedig-Gedichte die italienischen übertreffen. Könnte dies vielleicht daran liegen, daß Venedigs Strahlkraft auf Italiens Lyriker eine andere ist als die auf deutsche? In seinem 1981 veröffentlichten Gedicht *Pasolini in Venedig* schrieb Peter Hamm:

Venedig, dafür hatte er nur Verachtung
übrig, wie ein deutscher Intellektueller
für Rothenburg ob der Tauber –
nichts einen Blick wert!
In Mestre, gleich neben dem Bahnhof,
wo Tag und Nacht Züge rangieren,
in einem Hotel, abweisend und aufreizend
wie aus einem neorealistischen Film,
war er abgestiegen, demonstrativ
in der Arbeitervorstadt, *zu* demonstrativ
wie das meiste, was er jetzt tat
– oder unterließ. Längst vermochte er
nicht mehr, seine Emotion und die Sache,
der sie galt, auseinanderzuhalten.
(...)

Für den italienischen Intellektuellen ist Venedig das italienische
Rothenburg ob der Tauber, so suggeriert es hier Peter Hamm, und
darin mag sicherlich ein Fünkchen Wahrheit liegen. Wenn Pasolini
in Bezug auf Venedig die Unterscheidung von Emotion und Sache
nicht mehr vornehmen konnte, so scheint dies in gleicher Weise auf
zahlreiche italienische Dichter zuzutreffen. Für sie ist Venedig ein
seltsames Sujet. Venezianer und andere Italiener schreiben kaum
über diese Stadt. Vielleicht ist sie ihnen – wie Pasolini – zu provin-
ziell. Vielleicht fühlt sich die schreibende Zunft von dieser Stadt
aber auch unverstanden: *cagalibri*, den Bücherscheißer, nennen Ein-
heimische das Denkmal des Schriftstellers Niccolò Tommaseo
(1802–1874), der in einschlägiger Pose über einem Haufen Bücher
auf dem Campo Santo Stefano thront. So sind es die Reisenden oder
Ausländer mit festem Wohnsitz, die den Löwenanteil der Venedig-
Literatur bestritten haben und auch heute noch bestreiten. Über Ge-
nerationen war die Serenissima Station der Grand Tour, der für ge-
bildete und betuchte Kreise obligatorischen Reise zu den Stätten hu-
manistischer Ideale. Gleichwohl bleibt aber die Stadt bis heute für
uns alle ein Faszinosum. Sie spielt in der italienischen Literatur insgesamt doch eine größere Rolle, als oft in den einschlägigen Vene-
dig-Werken behauptet. Der vorliegende *Poetische Venedig-Führer*
versucht dem Rechnung zu tragen.

Ausländer, Reisende, aber auch Italiener mehrten den literarischen Ruhm der Stadt. Ich will mich damit begnügen, einige repräsentative Namen zu nennen, etwa Marco Polo, Pietro Aretino, die Commedia dell'Arte, Carlo Goldoni, Carlo Gozzi, Giacomo Casanova, Gabriele d'Annunzio, Alberto Moravia. Darüber hinaus kann man natürlich auch an Donna Leons Erfolgsromane, an Fruttero & Lucentinis *L'amante senza fissa dimora* (Der Liebhaber ohne festen Wohnsitz) und zahlreiche andere Werke der Weltliteratur und des Films denken (Viscontis *Tod in Venedig* und *Senso*, Fellinis *Casanova*, Dino Risis Persiflage auf das filmische Venedig-Klischee *Venezia, la luna e tu* u. a.).

„Die Stadt hat nicht ihresgleichen und sucht es nicht. Ein steinernes Schiff fährt auf, ist hier und fern", zitierte ich schon eingangs Ernst Bloch. Die Metapher des „steinernen Schiffs" mag „hermeneutische Kanäle" öffnen, um in der uns vertrauten venezianischen Bildwelt zu bleiben: Die Macht der mächtigen Seerepublik ist auf ihre Flotte gegründet, das Schiff ist neben dem Löwen Symbol *par excellence* der Serenissima. Und wer sich mit dem Boot Venedig nähert, so wie es Visconti in der Verfilmung von *Der Tod in Venedig* kunstvoll inszeniert hat, erlebt die Stadt vom Meer kommend als „steinernes Schiff", auf das man zufährt. Gegenwart und Vergangenheit, Nähe und Ferne, Präsenz und Absenz verdichten sich in der Metapher, die sich zugleich jedem entzieht, der sie zu ergründen versucht. Ein Zeitgenosse Blochs hat das Scheitern jeder Annäherung ähnlich und zugleich anders formuliert, indem er die existentielle Selbsterfahrung des Betrachters zugleich reflektiert: „Wo immer man ist, das wahre Venedig ist stets anderswo", schrieb der französische Philosoph Jean-Paul Sartre in seinem Essay *Venedig von meinem Fenster aus*. Venedig – mithin ein imaginärer Ort, eine Utopie, ein Gral, den man sucht, aber nie findet? Venedig – die ferne Nähe und die nahe Ferne, Fluchtpunkt, Scheitelpunkt, Ausgangs- und Endpunkt existentieller Identitätssuche? Fragen der Philosophen und Antworten der Literaten, wie viel wird wohl noch über Venedig geschrieben werden?

Venedig ist die Stadt, die sich mit dem Meer vermählt hat, und darum trugen die Dogen einen Ring, der diese Vermählung symbolisierte. „Der Kulturkritik ist das Meer immer verdächtig gewesen.

Was hätte den Schritt vom Land auf See motivieren können, als der Überdruß an der kargen Versorgung durch die Natur und der eintönigen Arbeit des Landbaus, der süchtige Blick auf Gewinn im Handstreich, auf mehr als das vernünftig Notwendige, für das Philosophengehirne eine Formel leicht auf der Zunge haben, auf Üppigkeit und Luxus? Daß hier, an der Grenze vom festen Land zum Meer, zwar nicht der Sünden*fall*, aber doch der Verfehlungs*schritt* ins Ungemäße und Maßlose zuerst getan wurde, ist von der Anschaulichkeit, die dauerhafte Topoi trägt." (…) „Zwei Voraussetzungen bestimmen vor allem die Bedeutungslast der Metaphorik von Seefahrt und Schiffbruch: einmal das Meer als naturgegebene Grenze des Raumes menschlicher Unternehmungen und zum anderen seine Dämonisierung als Sphäre der Unberechenbarkeit, Gesetzlosigkeit, Orientierungswidrigkeit. Bis in die christliche Ikonographie hinein ist das Meer Erscheinungsort des Bösen, auch mit dem gnostischen Zug, daß es für die rohe, alles verschlingende und in sich zurückholende Materie steht. Es gehört zu den Verheißungen der Apokalypse des Johannes, daß im messianischen Zustand kein Meer mehr ist. Die Irrfahrt ist in ihrer reinen Form Ausdruck für die Willkür der Gewalten, die Verweigerung der Heimkehr, wie dem Odysseus geschieht, die sinnlose Umtreibung und schließlich der Schiffbruch, in denen die Zuverlässigkeit des Kosmos fraglich und sein gnostischer Gegenwert vorweggenommen wird." Hans Blumenbergs Schrift *Schiffbruch mit Zuschauer. Paradigma einer Daseinsmetapher* (1979), der diese Zitate entnommen sind, beschreibt kulturphilosophisch jene Dimension, für die Venedig als Metapher steht: es ist die Grenzüberschreitung durch die Vermählung mit dem Meere, die den kontinuierlichen Untergangsmythos am Leben erhält und den Besucher zum Zuschauer eines immerwährenden Untergangs macht, in dem sich aber auch seine existentielle Seinserfahrung spiegelt. Die Gedichte verweisen z. T. auf jene Subjektivität der Stadtwahrnehmung in Form lyrischer Projektionen, in denen Venedig *mutatis mutandis* zur Folie, zum Bühnenbild oder zur Bühne der Selbsterfahrung oder der Subjektfindung wird. Aber nicht nur der Autor als Zuschauer, auch der Venedig-Besucher kann seine Position verlieren und sich am Ende mit Jacob Burckhardt sagen: „Jede spätere Ahnung über das Wie? wäre trügerisch, wenn auch an und für sich es eine verzeihliche Neugier wäre, zu fragen, auf welcher Welle dieses Meeres wir gegenwärtig treiben." Der Leser dieser kleinen Anthologie treibt – um in der Bildwelt Blumenbergs zu bleiben – auf einer literarischen Welle, der Welle der Lyrik, die die Serenissima, Venezia, Venedig in kleine sprachliche Kunstwerke verwandelt hat.

Die chronologische und thematische Disparatheit der hier zusammengestellten Gedichte erlaubte keine festen Ordnungsschemata. Das Gelingen dieses poetischen Führers hing damit entscheidend von einem Faktor ab: von der Zahl und Qualität der Dichter, die faszinierende Momente und Impressionen festhalten wollten – auch in der Moderne, in der die Lyrik eher gegenstandsfeindlich geworden ist. Da die Beschreibung einer Reihe von gezielten und geordneten Promenaden durch die Stadt nicht möglich war, wird die Abfolge der Texte eher willkürlich und sprunghaft ausfallen, was ja insgesamt auch für Lyrik spezifisch ist. Es ist mithin eine Abfolge, die im wesentlichen der Chronologie folgt und von den „tre corone" Dante, Petrarca, Boccaccio bis in die unmittelbare Gegenwart heranreicht. Die Gedichte und Texte vom Mittelalter bis zum 19. Jahrhundert sind chronologisch geordnet, während in den beiden Kapiteln zum 20. Jahrhundert die Autoren in alphabetischer Reihenfolge zu finden sind. Dies nicht zuletzt auch deshalb, weil sich häufig sowohl bei den biographischen Daten als auch beim Erscheinungsdatum der Texte Überschneidungen ergeben, so daß ich dieser Anordnung am Ende den Vorzug gab. Ganz besonders möchte ich der in Venedig lebenden Schriftstellerin und Germanistin Anna Maria Carpi danken, die eigens für diesen Band das Gedicht *Venezia si chiamava* (Venedig hieß es) verfaßt hat, in dem sie den Tod Venedigs um eine weitere poetische Variante ergänzt, die Flucht der Venezianer aus ihrer Stadt, gewiß ein unsterblicher Topos der Venedig-Literatur. Da es in diesem *Poetischen Venedig-Führer* nicht darum gehen konnte, das Venezianische und die venezianische Dialektdichtung ausführlich zu berücksichtigen, wurden in großen Zügen und hauptsächlich im Bereich der Hochsprache die Gesamtentwicklung und die Varianten des lyrischen Venedig-Bildes in Italien veranschaulicht. Dabei liegt der Schwerpunkt auf der Lyrik des 20. Jahrhunderts, und zwar deshalb, weil sich in dieser Zeitspanne rein quantitativ die meisten Gedichte fanden. Nur ein kurzes Wort zu meinen eigenen Übersetzungen: Sie verstehen sich als möglichst wortgetreue und lineare Übersetzungen, die nicht den Anspruch erheben, dem Original eine entsprechende künstlerische Leistung in deutscher Sprache gegenüberzustellen. Der Leser möge dafür Verständnis haben.

Galt Venedig im 16./17. Jahrhundert als „sede della musica" und konnte es bis in die unmittelbare Gegenwart, d. h. bis Luigi Nono, eine Sonderrolle in Italien behaupten, so trifft dies freilich nicht für die Canzone zu. Offenbar teilen viele der italienischen *cantautori* die Verachtung der Intellektuellen, allen voran Pasolini, für diese Stadt. Francesco de Gregoris *Miracolo a Venezia* greift einen alten Topos der Venedig-Literatur und des Venedig-Lobs auf, galt Venedig doch über Jahrhunderte als Stadt der Wunder und wundersame Stadt. Mit *L'acqua che calarà* des engagierten *cantautore* Gualtiero Bertelli habe ich eine zweite Canzone ausgewählt, die das Hochwasser thematisiert und zudem auf Venezianisch verfaßt ist. Die italienische Fassung befindet sich im Kommentar. So hege ich denn am Ende die Hoffnung, daß dieses Büchlein den Leser und Reisenden mit einer anderen Lesart Venedigs vertraut macht, jener der Dichter, in deren lyrischen Worten und Bildern sowohl die Untergangsmetapher als auch die Stadt selbst ihr Überleben sichern.

Mittelalter und Renaissance

*Abb. 2: Canal Grande, Dogana di Mare
und Santa Maria della Salute.*

La divina commedia (Inferno, XXI, 1–21)

Cosí di ponte in ponte, altro parlando
che la mia comedía cantar non cura,
venimmo; e tenavamo il colmo, quando
restammo per veder l'altra fessura
di Malebolge e li altri pianti vani;
e vidila mirabilmente oscura.
Quale nell'arzanà de' Viniziani
bolle l'inverno la tenace pece
a rimpalmare i legni lor non sani,
ché navicar non ponno; in quella vece
chi fa suo legno novo e chi ristoppa
le coste a quel che piú viaggi fece;
chi ribatte da proda e chi da poppa;
altri fa remi e altri volge sarte;
chi terzeruolo e artimon rintoppa;
tal, non per foco, ma per divin'arte,
bollía là giuso una pegola spessa,
che 'nviscava la ripa d'ogni parte.
I' vedea lei, ma non vedea in essa
mai che le bolle che 'l bollor levava,
e gonfiar tutta, e riseder compressa.

(Dante Alighieri)

Die Göttliche Komödie (Hölle, XXI, 1–21)

Von Brück zu Brücke gingen wir und sprachen
Von andern Dingen, die in meinem Liede
Ich nicht besinge, und wir standen oben
Und machten halt, um eine andre Grube
Der Übeltäter und ihr Leid zu sehen;
Und diese war von ganz besondrem Dunkel.
So wie im Arsenal der Venezianer
Das zähe Pech im Winter pflegt zu kochen,
Um ihre lecken Schiffe herzustellen,
Die nicht mehr fahren können, und der eine
Baut sich ein neues Schiff, der andere bessert
Die Seiten aus nach vielen langen Reisen;
Der eine flickt am Bug, am Heck der andre,
Der macht sich Ruder, jener windet Taue,
Und wieder andre stopfen Segeltücher.
So kochte dickes Pech im Graben drunten,
Durch Gottes Kunst und nicht von einem Feuer;
Und kleben sah man's überall am Ufer.
Ich sah das Pech, doch sah ich drin nichts andres
Als Blasen, von der Hitze aufgetrieben,
Die erst sich blähten, dann zusammenfielen.

(Hermann Gmelin)

Sed animi quam consilii maioris

Sed (…) animi quam consilii maioris; Marinus Phalerius viro nomen. Explere annum in summa dignitate non potuit, sinistro pede palatium ingressus. Namque hunc Venetii ducem suum, sacrosanctum omnibus seculis magistratum, quem in illa urbe semper ut numen aliquod antiquitas coluit, nudiustertius in ipsius palatii vestibulo decollarunt. (…) Nemo illum excusat; omnes aiunt voluisse eum in statu reipublice a maioribus tradito nescio quid mutare (…) cogitavit quod, ut puto, nemo umquam cogitaret; passus est quod nemo unquam, in loco celeberrimo omniumque clarissimo atque pulcerrimo eorum que ego viderim, ubi maiores sui saepe letissimos honores pompis triumphalibus deduxerunt. Illic ipse concursu nobilium protractus et ducalia exutus insignia, caput truncus occubuit templique fores et palatii aditum scalasque marmoreas, sepe vel solemnibus festis vel hostilibus spoliis honestatas, sanguine fedavit proprio. (…) Ducibus qui pro tempore fuerint edico: positum sibi pre oculis speculum sciant, ubi se videant duces esse non dominos, imo vero nec duces sed honoratos reipublice servos esse.

(Francesco Petrarca)

Denn stärker war sein Temperament

Denn stärker war sein Temperament als seine Einsicht. Marino
Falier ist des Mannes Name.

Sein Herz vermochte nicht in höchster Würde Genüge zu finden,
denn mit dem linken Fuß hatte er den Dogenpalast betreten. Diesen
Dogen eben, ihren in allen Jahrhunderten sakrosankten höchsten
Beamten, den die alte Zeit in dieser Stadt doch stets wie ein gött-
liches Wesen verehrte hat, ihn haben die Venezianer vor wenigen
Tagen in der Vorhalle seines Palastes enthauptet. (...) Eine Entschul-
digung für ihn bringt jedoch niemand vor. Alle sagen, er habe an der
von den Vätern überkommenen Verfassung der Republik etwas ändern wollen. (...) Er (..) ersann, was, wie ich glaube, niemand je er-
sonnen, und erlitt, was niemand je erlitten. An der gefeiertsten, berühmtesten und schönsten Stelle, die ich je gesehen, dort wo seine
Vorgänger oft in fröhlichem Jubel und im Triumphe ehrenvolle
Feste begangen haben, dort wurde er unter Zulauf des Volkes wie
ein niederer Sklave herangeschleppt und seiner Dogeninsignien ent-
kleidet. Dort fiel sein Haupt, und mit seinem Blute besudelte er das
Portal der Kirche, den Zugang zum Palast und die Marmorstufen,
die sonst oft durch festliche Feiern und durch dem Feinde abgenom-
mene Trophäen glänzend geschmückt gewesen sind. (...) Den Dogen, die nach ihm kommen, sei's gesagt: sie mögen wissen, daß
ihnen ein Spiegel vor Augen gestellt ist, indem sie sehen können,
daß Dogen keine Herren sind, ja nicht einmal Herzöge, sondern mit
Ehren angetane Sklaven der Republik.

(Hans Nachod/Paul Stern)

Decameron (IV,2)

«Noi facciamo oggi una festa, nella quale chi mena uno uomo vestito a modo d'orso e chi a guisa d'uom salvatico e chi d'una cosa e chi d'un'altra, ed in su la piazza di San Marco si fa una caccia, la qual fornita, è finita la festa; e poi ciascun va, con quel che menato ha dove gli piace; se voi volete, anzi che spiar si possa che voi siate qui, che io in alcun di questi modi vi meni, io vi potrò menare dove voi vorrete; altramenti non veggio come uscirci possiate che conosciuto non siate; ed i cognati della donna, avvisando che voi in alcun luogo quinc'entro siate, per tutto hanno messe le guardie per avervi.» Come che duro paresse a frate Alberto l'andare in cotal guisa, pur, per la paura che aveva de' parenti della donna, vi si condusse, e disse a costui dove voleva esser menato; e come il menasse, era contento. Costui, avendol già tutto unto di méle ed empiuto di sopra di penna matta, e messagli una catena in gola ed una maschera in capo, e datogli dall'una mano un gran bastone e dall'altra due gran cani che dal macello avea menati, mandò uno al Rialto che bandisse che chi volesse veder l'agnol Gabriello, andasse in su la piazza di San Marco; e fu lealtà viniziana questa. E queso fatto, dopo alquanto il menò fuori e mìselsi innanzi, ed andandol tenendo per la catena di dietro, non senza gran romore di molti che tutti decean: «Che sè quel? che sè quel?» il condusse in su la piazza, dove, tra quegli che venuti gli eran dietro e quegli ancora che, udito il bando, dal Rialto venuti v'erano, erano gente senza fine. Questi, là pervenuto, in luogo rilevato ed alto legò il suo uom salvatico ad una colonna, sembianti faccendo d'attender la caccia; al quale le mosche ed i tafani, per ciò che méle era unto, davan grandissima noia. Ma poi che costui vide la piazza ben piena, faccendo sembianti di voler scatenare il suo uom salvatico, a frate Alberto trasse la maschera dicendo: «Signori, poi che il porco non viene alla caccia, e non si fa, acciò che voi non siate venuti invano, io voglio che voi veggiate l'agnolo Gabriello, il quale di cielo in terra discende la notte a consolare le donne vinizianne». Come la maschera fu fuori, così fu frate Alberto incontanente da tutti conosciuto; contra il quale si levaron le grida di tutti, dicendogli

Dekameron (IV,2)

«Wir veranstalten heute ein Fest, zu dem der eine einen als Bären
vermummten Mann mitbringt, der andere einen Wilden, der dritte
dies und ein anderer das, und dann gibt's auf dem Markusplatze eine
Jagd, und wenn die aus ist, ist das Fest zu Ende, und jeder geht mit
dem, den er mitgebracht hat, wohin es ihm beliebt; wollt Ihr, daß ich
Euch, bevor es erspäht werden kann, daß Ihr hier seid, so oder so
mitnehme, so kann ich Euch nachher führen, wohin Ihr wollt. Anders sehe ich keine Möglichkeit, wie Ihr von hier fortkommen könn-
tet, ohne erkannt zu werden; auch haben die Verwandten der Dame,
weil sie vermuten, daß Ihr hier irgendwo steckt, überall ihre Wachen
aufgestellt, um Euch in die Hände zu bekommen.« Obwohl es Bruder Alberto hart deuchte, also einhergehn zu müssen, entschloß er
sich doch dazu aus Furcht vor den Verwandten der Dame und sagte
ihm, wohin er geführt werden wollte, und daß es ihm gleichgültig
sei, wie er geführt werde. Der Mann bestrich ihn von oben bis unten
mit Honig, beklebte ihn mit vielen Flaumfedern, schlang ihm eine
Kette um den Hals, band ihm eine Larve vors Gesicht und gab ihm
in die eine Hand einen großen Prügel und ließ ihn mit der andern
zwei Hunde halten, die er von den Fleischbänken geholt hatte; dann
schickte er einen auf den Rialto, der ausrufen mußte, wer den Engel
Gabriel sehn wolle, solle auf den Markusplatz kommen: und das war
venezianische Treue. Nachdem dies geschehen war, wartete er erst
noch ein Weilchen, und dann führte er ihn hinaus und ließ ihn vor-
angehen, indem er ihn von hinten an der Kette hielt, und gelangte
mit ihm nicht ohne großen Lärm der Leute, die alle sagten: »Was ist
denn das? Was ist denn das?« auf den Platz, wo sowohl von denen,
die hinter ihnen gekommen waren, als auch von denen, die wegen
des Ausrufens am Rialto gekommen waren, eine unabsehbare Men-
schenmenge war. Dort angelangt, band er seinen wilden Mann an
eine Säule auf einer Erhöhung und tat, als ob er auf den Beginn der
Jagd wartete; und weil der Arme mit Honig bestrichen war, ver-
ursachten ihm die Fliegen und Bremsen große Pein. Als dann sein
Führer sah, daß der Platz ordentlich voll war, machte er eine Bewe-

le più vituperose parole e la maggior villania che mai ad alcun ghiotton si dicesse, ed oltre a questo per lo viso gittandogli chi una lordura e chi un'altra; e così grandissimo spazio il tennero, tanto che, per ventura la novella a' suoi frati pervenuta, infino a sei di loro mòssisi quivi vennero, e gittatagli una cappa indosso e scatenatolo, non senza grandissimo romor dietro, infino a casa loro nel menarono, dove incarceratolo, dopo misera vita si crede che egli morisse. Così costui, tenuto buono e male adoperando, non essendo creduto, ardì di farsi l'agnolo Gabriello, e di questo in uom salvatico convertito, a lungo andare, come meritato avea vituperato, senza prò pianse i peccati commessi. Così piaccia a Dio che a tutti gli altri possa intervenire.

(Giovanni Boccaccio)

De mirabili urbe Venetiis

Viderat Hadriacis Venetam Neptunus in undis
    Stare urbem et toto ponere jura mari:
Nunc mihi Tarpejas, quantumvis, Jupiter, arces
    Obice et illa tui moenia Martis, ait.
Si pelago Tibrim praefers, urbem aspice utramque:
    Illam homines dices, hanc posuisse deos.

(Jacopo Sannazaro)

gung, als ob er den wilden Mann abketten wollte, riß aber dem Bruder Alberto die Larve ab und sagte: »Meine Herren, weil die Sau ausbleibt und weil es nichts ist mit der Jagd, will ich euch, damit ihr nicht umsonst gekommen seid, den Engel Gabriel zeigen, der des Nachts vom Himmel zur Erde herabsteigt, um die venezianischen Frauen zu trösten.« Kaum war die Larve herunter, so war auch schon Bruder Alberto von allen erkannt, und alle brachen gegen ihn in Geschrei aus, indem sie ihm die abscheulichsten Worte und die größten Beschimpfungen sagten, die je einem Schurken gesagt worden sind, und ihm überdies von allen Seiten Kot ins Gesicht schleuderten; und das mußte er eine geraume Weile leiden, bis sich seine Brüder, die die Nachricht davon von ungefähr erfahren hatten, in der Zahl von sechs Mann aufmachten, hinrannten, ihm eine Kutte überwarfen, ihn abketteten und ihn nicht ohne ein johlendes Gefolge in ihr Haus brachten. Und dort, heißt es, ist er elendiglich im Kerker verstorben. Dieser Mensch, der für gut galt und schlecht handelte, ohne daß man es geglaubt hätte, hat es also gewagt, sich zum Engel Gabriel zu machen, ist aus diesem in einen wilden Mann verwandelt worden und hat lange Zeit die verdiente Strafe erlitten und umsonst die begangenen Verbrechen beweint. Gott wolle, daß es allen andern ebenso ergehe.

(Albert Wesselski)

Venedig

Aus Adrias Gewässern sah Neptun
Die hochgebietende Venetia steigen:
„Ha, Jupiter", rief er, „wirst du mir nun
Noch stolz dein Kapitol und Mavors' Mauern zeigen?
Gilt dir dein Tiber höher als dies Meer,
So schau auf beide Städte her
Und sprich: „Dies Rom läßt mich ein menschlich Wunder sehen –
Aus Götterhänden mußte jene gehen!"

(Eduard Mörike)

Questa del nostro lito antica sponda

Questa del nostro lito antica sponda,
che te, Venezia mia, copre e difende,
e, mentre il corso al mar frena e suspende,
la fier mai sempre e la percote l'onda,

rassembra me, che se 'l dí breve sfronda
i boschi o se le piaggie il lungo accende,
mi bagna riva, che dagli occhi scende,
riva, ch'aperse Amor larga e profonda.

Ma non perviene a la mia donna il pianto,
che d'intorno al mio cor ferve e ristagna,
per non turbar la sua fronte serena.

La qual vedesse sol un giorno, quanto
per lei dolor dí e notte m'accompagna
Assai fôra men grave ogni mia pena.

(Pietro Bembo)

34

Dies uralte Gestade unseres Lido

Dies uralte Gestade unseres Lido,
das dich, du mein Venedig, deckt und schützt,
– und, während es den Ansturm des Meeres hemmt und aufhält,
trifft immerfort es und schlägt es die Welle –

gleicht mir, denn mag auch der kurze Tag die Wälder
entlauben und der lange [Tag] die Fluren erglühen lassen,
mich netzt ein Bach, der von den Augen niederrinnt,
ein Bach, den Amor breit und tief entströmen ließ.

Doch gelangt der Tränenstrom nicht zu meiner Herrin,
da er um mein Herz brandet und [dort] sich staut,
um ihre heitere Miene nicht zu trüben.

Wenn sie nur einen Tag lang sähe, wieviel
Schmerz um ihretwillen sich Tag und Nacht mir zugesellt,
wäre alle meine Pein weniger schwer.

                                    (Wilhelm Theodor Elwert)

In lode di Venezia

E quando agli occhi suoi Vinegia aparse,
così magno spettacolo et sì degno,
gli edifici del ciel veder gli parse,
le case degli Dei, di Giove il regno;
lagrime il cuor fuor de le luci sparse
che del stupor ch'egli ebbe fecer segno;
abassò i labri e inarcò le ciglia
per la maravigliosa maraviglia.

Ogni maravigliosa maraviglia
o Vinegia, del mar rica richezza,
ammiration mirabilmente piglia
i ne la tua bellissima bellezza.
Miracol solo è quel che ti somiglia,
et sol pregiato è 'l pregio che ti aprezza,
felice mare; e di gran somma oggi erra se preceder a te crede la terra.

Gonfia pur, terra, e sta superba e altiera
per tante tue città, Roma e Fiorenza,
chè, ben che quella fusse com'ella era,
et questa in più magnanima eccellenza,
ogni persona verace e sincera
darìa del mare in favor la sentenza;
Venetia a ogni gran cosa preponendo
fatta in sito impossibile et stupendo.

Stassi la terra in gran reputatione
di frutti rica, di fior, fronde et erbe,
e per la bella sua generatione
di mansuete fiere et di superbe,
et Vinegia in su'tempo e in su'stagione
ne le mature e 'n le giornate acerbe
et fiere et fiori et frutti ha sempre avuto
da la terra in perpetuo tributo.

Et questo è nulla, i suoi supremi onori

Zu Ehren Venedigs

Als dann Venedig vor seinen Augen erschien,
welch ein Anblick, großartig und würdevoll,
da schien ihm, er sähe Himmelsgebäude,
der Götter Wohnstatt, Jupiters Königreich;
des Herzens Tränen flossen aus den Augen,
voller Staunen, als hätte ihm die Stadt ein Zeichen gegeben;
die Lippen senkte er und zog die Brauen hoch
ob des wunderbaren Wunders.
Jedes wunderbare Wunder,
oh Venedig, des Meeres reicher Reichtum,
löse auf wunderbare Weise Bewunderung aus
in deiner schönsten Schönheit.
Nur ein Wunder kann dir ähnlich sein
und schätzenswert ist nur, wer Dich zu würdigen weiß,
glückliches Meer; und wenn das Land dir voranzugehen glaubt,
irrt es sich heute sehr.
Bläh dich nur auf, Land, stehe stolz und erhaben
für viele deiner Städte, Rom und Florenz,
die, obwohl erstere war wie sie war,
und von noch größerer Vortrefflichkeit letztere,
jeder ehrliche und aufrichtige Mensch
würde sein Urteil zugunsten des Meeres fällen;
vor allen gebührt Venedig der Vorzug,
das in unmöglicher und wundervoller Lage errichtet.
Es steht das Land in großem Ruf,
an Früchten reich, an Blumen, Bäumen und Kräutern,
und seiner schönen Nachkommen wegen
und zahmer und prächtiger Tiere,
und Venedig zu seiner Zeit und in seiner Jahreszeit,
an den späten und frühen Tagen,
und Tiere und Blumen und Früchte bekam es immer
vom Land als immerwährenden Tribut.
Und dies ist nichts, seine höchsten Ehren

son di laude maggior, di più gran pompa;
'infiniti e drento et fuori
fan che la vista a chi gli mira in pompa
gli marmi meschi, li musaici et gli ori
giamai non verrà tempo che corrompa;
et s'hanno alberghi gli uomeni eccelenti
sono di dei di Dio gli alloggiamenti.

Et non si leggie, et non ne fa memoria
alcuno inchiostro, che alcun si rammenti
che i roman, degli quai grida ogni istoria
avesser pur marittimi instrumenti,
uno Arsenale dove imparar per boria
a porre il freno al gran furor dei venti.
I legni senza numeri et forbiti
per Cristo spesso in le salse onde usciti.

Et questo è poco a paragon di quello
et di questo immortal leggiadro viso
per cui natura invola il bel dal bello
a le più belle cose in paradiso;
et sencia afaticarne altro penello
dà gratia et aria agli occhi, al volto e al viso
et sotto il nero transparente velo
vegonsi in carne gli angioli del cielo.

Dipingi, o Tician, spirto perfetto,
l'alte immagin lor, fanne altrui parte;
gioveni delicati aprite il petto
sacrando voi di lor la miglior parte;
del nome lor col vostro ingegno eletto
risonar fate le bramose carte
et tocca a voi, che ad Apol state in grembo
importal Navagero et divin Bembo.

Padri conscripti, benchè tante e tali
l'Aretin maraviglie ha visto e vede,
sino al tesor di quel che batte l'ali
in terra e in mar, pien di giusticia et fede,
a le vostr'alme maestà imortali,

verdienen höheres Lob, sind von größerer Pracht;
für die endlosen Palazzi (sowohl innen als auch außen
lassen sie den Blick dessen, der ihre Pracht bewundert,
Marmor, Mosaike und Gold verwechseln)
wird niemals die Zeit des Verfalls kommen;
und wenn Stadthotels herausragende Männer haben,
sind es der Götter Gottes Wohnstätten.
   Und nicht zu lesen ist, noch erwähnt
irgendein Druck, so daß man sich daran erinnern kann,
daß die Römer, von denen die Geschichte überladen,
auch Seeinstrumente gehabt hätten,
ein Arsenal, in dem man lernt, stolz
dem großen Toben der Winde Zügel anzulegen.
Die zahllosen und kostbaren Schiffe
sind zum Ruhme Christi oft in die salzigen Wellen hinaus.
   Und im Vergleich zu jenem ist es wenig
und zu diesem anmutigen, unsterblichen Antlitz,
für das die Natur das Schöne aus dem Schönen
der schönsten Dinge im Paradies entwendet;
und ohne einen weiteren Pinsel zu gebrauchen,
Gnade und Luft gewähre den Augen, dem Angesicht und dem
                                   Antlitz,
und unter dem schwarzen durchsichtigen Schleier
sieht man leibhaftig die Engel des Himmels.
   Male, oh Tizian, vollkommener Genius,
ihre erhabenen Bildnisse, sie gehören anderen;
öffne, zarte Jugend, die Brust,
opfert ihnen den besten Teil von Euch;
mit eurem auserwählten Talent laßt
von ihrem Namen die begierigen Papiere erschallen,
und an Euch ist es, die ihr in Apolls Schoß sitzt,
unsterblicher Navagero und göttlicher Bembo.
   Senatoren, obwohl soviele und solche Wunder
Aretin gesehen und sieht,
bis hin zum Schatz dessen, der mit den Flügeln schlägt,
zu Lande und zu Wasser, voller Gerechtigkeit und Glauben,
eurer unsterblichen Seelen Majestät,

al cui valor ogni potentia cede,
servo si fece et con dritto judicio
vi vol far del suo ingegno sacrificio.

O consoli, o tribuni, o senatori
o giustissimi padri, o padri egregi,
voi tutti ne sembrate Imperatori
et di consigli et d'armi avete i fregi,
voi sete quelli, voi che i tolti onori
renderete a l'Italia e i summi pregi
Venetia è la sua madre, i padri voi
et voi li acquisterete i seggi suoi.

Voi meritate maggior laude ormai
che non fè chi di Roma ebbe il governo,
perchè l'antico onor vince d'assai
il vostro bel reggimento moderno.
Mercè, Venetia, che tai figliuol hai
che l'esser tuo amplierà in eterno,
Roma è gia nulla, et era onnipotente
e tu vivi Regina ch'eri niente.

(Pietro Aretino)

40

vor deren Tapferkeit jede Macht zurückweicht,
Sklave wurde Aretin und mit gerechtem Urteil
will er euch seinen Geist opfern.
    Oh Konsuln, oh Tribunen, oh Senatoren,
oh gerechteste Väter, oh verehrte Väter,
alle scheint ihr Kaiser,
sowohl der Vernunft als auch der Waffen Abzeichen tragt ihr,
ihr seid jene, die Italien die geraubte Ehre
und die höchsten Werte zurückgeben würden,
Venedig ist seine Mutter, ihr seine Väter,
und ihr würdet ihm seine Ämter und Würden erwerben.
    Ihr verdientet größeres Lob fortan,
so daß in Frage steht, wer über Rom regierte,
weil die Ehre der Antike weit übertroffen wird
von Eurer schönen modernen Regierung.
Danke, Venedig, die du deine Söhne hast,
so daß dein Sein in Ewigkeit wächst.
Rom ist bereits nichts, und allmächtig war es,
und du, die du nichts warst, lebst, Königin.

(Willi Jung)

A Tiziano

Avendo io, signor compare, con ingiuria de la mia usanza cenato solo, o per dir meglio, in compagnia dei fastidi di quella quartana che più non mi lascia gustar sapore di cibo veruno, mi levai da tavola sazio de la disperazione con la quale mi ci posi. E così, appoggiate le braccia in sul piano de la cornice de la finestra, e sopra lui abbandonato il petto e quasi il resto di tutta la persona, mi diedi a riguardare il mirabile spettacolo che facevano le barche infinite, le quali, piene non men di forestieri che di terrazzani, ricreavano non pure i riguardanti, ma esso Canal grande, ricreatore di ciascun che il solca. E subito che fornì lo spasso di due gondole che con altrettanti barcaiuoli famosi fecero a gara nel vogare, trassi molto piacere de la moltitudine che per vedere la rigata si era fermata nel ponte del Rialto, ne la riva dei Camerlinghi, ne la Pescaria, nel traghetto di Santa Sofia, e nel da casa Da Mosto. E mentre queste turbe e quelle con lieto applauso se ne andavano a le sue vie, ecco ch'io, quasi uomo che fatto noioso a se stesso non sa che farsi de la mente non che dei pensieri, rivolgo gli occhi al cielo; il quale da che Iddio lo creò, non fu mai abbellito da così vaga pittura di ombre e di lumi. Onde l'aria era tale quale vorrebbono esprimerla coloro che hanno invidia a voi per non poter esser voi, che vedete nel raccontarlo io. Imprima i casamenti che, benchè sien pietre vere, parevano di materia artificiata; e dipoi scorgete l'aria ch'io compresi in alcun luogo pura e viva, in altra parte torbida e smorta. Considerate anco la maraviglia ch'io ebbi dei nuvoli composti d'umidità condensa, i quali in la principal veduta mezzi si stavano, vicini ai tetti de gli edificii, e mezzi ne la penultima, però che la diritta era tutta d'uno sfumato pendente in bigio nero. Mi stupii certo del color vario di cui essi si dimostravano: i più vicini ardevano con le fiamme del foco solare; e i più lontani rosseggiavano d'uno ardore di minio non così bene acceso. Oh con che belle tratteggiature i pennelli naturali spingevano l'aria in là, discostandola dai palazzi con il modo che la discosta il 'Vecellio nel far dei paesi! Appariva in certi lati un verde azurro, e in alcuni altri un azurro verde, veramente composto da le bizarrie de la natura,

42

Brief an Tizian

Nachdem ich, lieber Freund, das Abendessen gegen meine Gepflogenheit allein verzehrt hatte, oder besser gesagt, in der Gesellschaft meines ärgerlichen Quartanfiebers, das mir den Genuß am Essen nicht mehr gewährt, stand ich vom Tisch auf, einzig gesättigt von jener Verzweiflung, mit der ich schon zuvor zu Tisch gegangen war. Ich stützte die Arme auf das Fensterbrett, das Gewicht meines Oberkörpers und fast des ganzen übrigen Körpers darauf verlagernd; dann schickte ich mich an, das wunderbare Schauspiel der unzähligen Boote zu betrachten, die, nicht weniger voll von Fremden als von Landbewohnern, nicht nur die Zuschauer vergnügten, sondern den *Canal grande* selber, den Erquicker all jener, die ihn befahren. Und sogleich bot er mir die Kurzweil zweier bekannter, mit ihren Gondeln um die Wette rudernder Gondolieri. Ich hatte meine große Freude an der Menge, die sich auf der Rialto-Brücke, am Camerlinghi-Ufer, auf dem Fischmarkt, an der Santa Sofia- und Da Mosto-Fähre aufhielt, um der Regatta beizuwohnen. Und während die verschiedenen Gruppen fröhlichen Beifall spendend ihren Weg fortsetzten, wende ich – fast ein sich selber langweilig gewordener Mann, der weder mit seinem Geist noch mit seinen Gedanken etwas anzufangen weiß – die Augen zum Himmel, der seit Gottes Schöpfung nie durch so eine anmutige Malkunst von Schatten und Lichtern verschönert worden war. Eine solche Atmosphäre möchten diejenigen ausdrücken, die Sie um die Tatsache beneiden, nicht an Ihrer Stelle sein zu können, um das zu betrachten, was Sie nun durch meine Beschreibung sehen. Zuerst erblicken Sie die Gebäude, die, obwohl aus echtem Stein, doch aus künstlichem Stoffe zu sein schienen; dann die Luft, die mir an mancher Stelle rein und lebendig erschien, und an anderer trüb und matt: Bedenken Sie auch die Verwunderung, in die mich die Wolken aus verdichteter Feuchtigkeit versetzten: ihre eine Hälfte lastete vor mir fast auf den Dächern der Gebäude, ihre andere befand sich auf der linken Seite, die rechte Seite hingegen bestand völlig aus einer ins Schwarzgraue gehenden Abtönung. Ich staunte wirklich über die Farbenvielfalt ihrer Erschei-

maestra dei maestri. Ella con i chiari e con gli scuri isfondava e rilevava in maniera ciò che le pareva di rilevare e di sfondare, che io, che so come il vostro pennello è spirito dei suoi spiriti, e tre e quattro volte esclamai: – O Tiziano, dove sète mò? – Per mia fe' che se voi aveste ritratto ciò ch'io vi conto, indurreste gli uomini ne lo stupore che confuse me; che nel contemplare quel che v'ho contato ne nutrii l'animo che più non durò la maraviglia di sì fatta pittura.

Di maggio, in Vinezia, 1544.

(Pietro Aretino)

nung: die in nächster Nähe Liegenden glühten von den Flammen des Sonnenfeuers, die Entferntesten waren von einem nicht so ganz lebhaften Mennigrot. Mit welch schönen Strichen drängten die Pinsel der Natur die Luft zurück, und hielten sie von den Palästen weg, so wie Tizian beim Malen seiner Landschaften vorgeht! An einigen Stellen kam ein blaues Grün zum Vorschein und an anderen ein grünes Blau, wahrhaftig ein Produkt der Wunderlichkeiten der Natur, Lehrerin der Meister. Mit dem chiaroscuro schuf sie Tiefe und Hervorhebung nach ihrem Gutdünken, so daß ich – in der Überzeugung, Ihr Pinsel sei Geist von deren Geist – drei- oder viermal ausrief Ach Tizian, wo sind Sie nun? Bei meiner Treu, wenn Sie das gemalt hätten, wovon ich Ihnen berichte, dann hätten Sie die Menschen in jenes Staunen versetzt, das mich selbst verwirrte, der ich mit der Betrachtung des eben Erwähnten meinen Geist nährte, solange das Wunder solcher Malkunst währte.
Venedig, Mai 1544

(Gio Batta Bucciol)

Vom 17. bis zum Ende des 19. Jahrhunderts

Abb. 3: Canal Grande und Ponte di Rialto.

La bottega del caffè

Atto Primo
Scena Prima
Ridolfo, Trappola e altri garzoni

RID. Animo, figliuoli, portatevi bene; siate lesti e pronti a servir gli avventori, con civiltà, con proprietà: perché tante volte dipende il credito d'una bottega dalla buona maniera di quei che servono.

TRAPP. Caro signor padrone, per dirvi la verità, questo levarsi di buon'ora non è niente fatto per la mia complessione.

RID. Eppure bisogna levarsi presto. Bisogna servir tutti. A buon'ora vengono quelli che hanno da far viaggio, i lavoranti, i barcaruoli, i marinai, tutta gente che si alza di buon mattino.

TRAPP. È veramente una cosa che fa crepar di ridere, veder anche i facchini venir a bevere il loro caffè.

RID. Tutti cercan di fare quello che fanno gli altri. Una volta correva l'acquavite, adesso è in voga il caffè.

TRAPP. E quella signora, dove porto il caffè tutte le mattine, quasi sempre mi prega che io le compri quattro soldi di legna, e pur vuol bever il suo caffè.

RID. La gola è un vizio che non finisce mai, ed è quel vizio che cresce sempre, quanto più l'uomo invecchia.

TRAPP. Non si vede venir nessuno a bottega, si poteva dormire un'altra oretta.

RID. Or ora verrà della gente; non è poi tanto di buon'ora. Non vedete? Il barbiere ha aperto, è in bottega lavorando parrucche. Guarda, anche il botteghino del giuoco è aperto.

TRAPP. Oh! in quanto poi a questa biscazza, è aperta che è un pezzo. Hanno fatto nottata.

RID. Buono. A messer Pandolfo avrà fruttato bene.

TRAPP. A quel cane frutta sempre bene; guadagna nelle carte, guadagna negli scrocchi, guadagna a far di balla coi baratori. I denari di chi va là dentro, sono tutti suoi.

RID. Non v'innamoraste mai di questo guadagno, perché la farina del diavolo va tutta in crusca.

Das Kaffeehaus

Erster Akt
Erste Szene
Ridolfo, Trappola und weitere Serviergehilfen

R.: Also, ich erwarte mir ein tadelloses Benehmen: Seid flink und immer zur Stelle, bedient die Kunden mit Anstand und Sauberkeit. So oft macht eine zuvorkommende Bedienung den guten Ruf eines Lokals.

T.: Offen gesagt, mein lieber Padrone, diese Frühaufsteherei verträgt sich nicht mit meiner Konstitution.

R.: Trotzdem muß man zeitig aus den Federn. Man muß für alle da sein. Wer sich zu rühren hat, kommt zeitig: Arbeiter, Bootsleute, Matrosen – alles Frühaufsteher.

T.: Ist doch zum Kranklachen, daß jetzt sogar die Gepäckträger ihren Kaffee trinken!

R.: Jeder will's dem andern gleichtun. Früher floß der Schnaps in Strömen, heute ist Kaffee modern.

T.: Und gar die Signora, der ich jeden Morgen den Kaffee ins Haus bringe und die mich fast immer bittet, ihr für ein paar Soldi Brennholz zu kaufen. Aber auf ihren Kaffee will sie nicht verzichten.

R.: Der Gaumen ist ein Laster, das kein Ende hat und mit fortschreitendem Alter nur größer wird.

T.: Kein Mensch kommt her ins Lokal. Da hätte man noch ein Stündchen schlafen können.

R.: Es wird schon bald jemand kommen. So früh ist es ja auch nicht mehr. Seht doch, der Barbier hat seinen Laden schon offen und macht Perücken. Und im Spielhaus ist auch Betrieb.

T.: Ach, die Spielhölle ist schon lange auf! Die haben sich die Nacht um die Ohren geschlagen!

R.: Na, bitte. Messer Pandolfo wird dabei nicht zu kurz gekommen sein.

T.: Der Halunke kommt nie zu kurz. Er verdient an der Ausgabe der Kartenspiele, er verdient an seinem Schmarotzen und macht außer-

TRAPP. Quel povero signor Eugenio! Lo ha precipitato.

RID. Guardate anche quello, che poco giudizio! Ha moglie, una giovine di garbo e di proposito, e corre dietro a tutte le donne, e poi di più giuoca da disperato.

TRAPP. Piccole galanterie della gioventù moderna.

RID. Giuoca con quel conte Leandro, e li ha persi sicuri.

TRAPP. Oh, quel signor conte è un bel fior di virtù.

RID. Oh via, andate a tostare il caffè, per farne una caffettiera di fresco.

TRAPP. Vi metto degli avanzi di ieri sera?

RID. No, fatelo buono.

TRAPP. Signor padrone, ho poca memoria. Quant'è che avete aperto bottega?

RID. Lo sapete pure. Saranno incirca otto mesi.

TRAPP. È tempo da mutar costume.

RID. Come sarebbe a dire?

TRAPP. Quando si apre una bottega nuova, si fa il caffè perfetto. Dopo sei mesi al più, acqua calda e brodo lungo.

RID. È grazioso costui; spero che farà bene per la mia bottega, perché in quelle botteghe dove vi è qualcheduno che sappia fare il buffone, tutti corrono.

(Carlo Goldoni)

dem halbpart mit den Beutelschneidern. Alle, die da einkehren, werden ihr Geld an ihn los.

R.: Werft bloß keine verliebten Blicke auf seine Einnahmen. Aus Teufels Mühlen kommt nur Spreu.

T.: Und der arme Signor Eugenio! Den hat man auf den Hund gebracht.

R.: Da seht Ihr, wie einfältig auch der ist! Er hat eine adrette und vernünftige junge Frau, aber er muß allen Schürzen nachlaufen und spielt auch noch wie ein Verrückter.

T.: Belanglose Extravaganzen der modernen Jugend.

R.: Er spielt mit diesem Conte Leandro, da hat er von vorneherein verloren.

T.: Ach, dieser Signor Conte ist mir ein schöner Heiliger.

R.: Nun geht aber Kaffee rösten, damit wir eine frische Kanne brauen können.

T.: Soll ich auch die übriggebliebenen von gestern dazutun?

R.: Nein. Macht ihn gut.

T.: Lieber Padrone, ich hab ein schwaches Gedächtnis. Wann habt Ihr eigentlich das Lokal eröffnet?

R.: Das wißt Ihr doch: Vor acht Monaten etwa.

T.: Höchste Zeit, neue Sitten einzuführen.

R.: Was soll das heißen?

T.: Macht man ein Lokal neu auf, dann braut man einen tadellosen Kaffee. Spätestens nach sechs Monaten aber: heißes Wasser und dünne Brühe.

R.: Nicht übel, der junge Mann. Ich hoffe, er wird meinem Geschäft nützlich sein. Wo's einer versteht, den Spaßvogel zu machen, da laufen sie alle hin.

(Heinz Riedt)

Ma fuite des plombs de Venise

La porte d'abord ouverte, j'ai vu cet homme comme pétrifié à mon aspect. Sans m'arrêter et sans lui dire le moindre mot, j'ai descendu l'escalier avec la plus grande célérité, suivi par le moine. Sans aller lentement et sans courir, j'ai pris le magnifique escalier qu'on appelle des géants, méprisant la voix et l'avis du père Balbi qui ne cessait de me dire et de me répéter: *allons dans l'église, dans l'église.* Sa porte était à main droite, presque au pied du même escalier.

Les églises à Venise ne jouissent pas de la moindre immunité pour assurer un coupable quelconque, soit pour le criminel, soit pour le civil; aussi n'ya-t-il plus personne qui aille s'y retirer pour mettre un obstacle aux archers qui auraient ordre de s'en saisir. Le moine savait cela, mais cela n'avait pas la force d'éloigner de lui cette tentation. Il me dit après que ce qui le poussait à recourir à l'autel était un sentiment de religion que je devais respecter. *Pourquoi, lui dis-je, n'y êtes-vous pas allé tout seul?* et il me répondit qu'il n'a pas eu la cruauté de m'abandonner. Je lui ai prouvé que ce qu'il appelait à cette occasion-là sentiment de religion n'était que lâcheté pure et il ne m'a jamais pardonné ce raisonnement: il est vrai que j'aurais pu le lui épargner, mais le fait est qu'au fond je ne pouvais pas souffrir ce mauvais être.

L'immunité que je cherchais était au delà des confins de la sérénissime république; je commençais dans ce moment-là à m'y acheminer; j'y étais déjà avec mon esprit, mais il fallait y aller avec mon corps. J'ai été tout droit à la porte de la *Carte*, ce qui est la royale du palais ducal, et, sans regarder personne (moyen pour se faire moins regarder), j'ai traversé la *piazzetta*; je me suis approché au rivage et, entrant dans la première gondole que j'ai vue là, j'ai dit au gondolier qui était sur sa poupe: *appelle un autre rameur.* Ce rameur accourut dans l'instant et empoigna sa rame pendant que l'autre, maître de la gondole, me demandait où je voulais aller. J'ai répondu alors à haute voix, charmé que cinquante *barcaroli* étaient là à m'écouter, toujours curieux: *je veux aller à Fusina et si tu vogueras bien vite, je te donnerai un philippe.* C'était lui donner plus que le tarif. Le philippe

Meine Flucht aus den Bleikammern von Venedig

Als die Tür aufging, sah ich den Mann; er war bei meinem Anblick wie versteinert. Ohne zu zögern und ohne ein Wort an ihn zu richten, ging ich die Treppe so schnell wie möglich hinab, hinter mir der Mönch. Nicht eben langsam, doch auch ohne zu laufen, nahm ich die prächtige *Scala dei Giganti*, die Gigantentreppe; ich achtete nicht auf die Stimme und den Rat von Pater Balbi, der mir unablässig und immer wieder sagte: *Gehen wir in die Kirche, in die Kirche.* Der Durchgang zur Kirche war rechterhand, nahe am Fuß der Treppe.

Die Kirchen in Venedig genießen nicht die mindeste Unantastbarkeit, die einem Schuldigen Schutz gewähren könnte, weder einem Verbrecher, noch einem Gegner im Streit; deshalb zieht sich auch niemand dorthin zurück, um es den Bütteln schwer zu machen, die Befehl haben, ihn festzunehmen. Der Mönch wußte das, doch dies Wissen war nicht stark genug, um ihn von der Versuchung abzubringen. Er sagte mir nachher, ein religiöses Gefühl habe ihn getrieben, wieder zum Altar zu laufen, und das müsse ich doch achten. *Warum,* sagte ich, *seid Ihr nicht allein hingegangen?* Er antwortete, er sei nicht so hartherzig gewesen, mich im Stich zu lassen. Ich machte ihm klar, daß das, was er in diesem Zusammenhang religiöses Gefühl nannte, die reine Feigheit war, und er hat mir diese Äußerung nie verziehen; natürlich hätte ich ihn schonen können, doch in der Tiefe meiner Seele konnte ich den unguten Kerl einfach nicht ertragen.

Die Unantastbarkeit, die ich aufzusuchen gedachte, war außerhalb der Staatsgrenzen der Allererhabensten Republik; in diesem Augenblick begann ich meine Reise dorthin; im Geiste war ich bereits dort, doch ich mußte mit meinem Körper folgen. Ich stand unmittelbar vor der *Porta della Carta,* die dem Dogenpalast etwas Majestätisches verleiht, und ohne jemanden anzuschauen (weil man auf diese Weise weniger angeschaut wird) überquerte ich die *Piazzetta*; ich näherte mich dem Kai, stieg in die erste Gondel, die ich sah, und sagte zum Gondoliere, der achtern stand: *Hol einen zweiten Ru-*

était une monnaie espagnole, qui valait la moitié d'un sequin: on n'en voit plus. Après avoir donné cet ordre, je me suis jeté nonchalamment sur le coussin du milieu et le père Balbi, sans chapeau et avec mon manteau, s'assit comme un subalterne sur la *banquette*. La figure comique de ce moine contribua beaucoup à me faire croire un charlatan ou un astrologue, car mon habit gelait les yeux de tous ceux qui me regardaient.

La gondole se détacha vite du rivage, doubla la douane, et commença à fendre avec vigueur les eaux du grand canal de la *Giudecca* par lequel il faut passer, tant pour aller à Fusine comme pour aller à Mestre, où effectivement je voulais aller. Lorsque je me suis vu à la moitié du canal, j'ai mis la tête dehors et j'ai dit au *barcarol* de poupe: *crois-tu que nous serons à Mestre avant quatorze heures?* J'avais entendu sonner treize heures lorsque Andreoli ouvrait la grande porte. Le barcarol me répondit que je lui avais ordonné d'aller à Fusine et je lui ai répondu qu'il était fou, puisque à Fusine je n'avais rien à faire. Le second barcarol me confirma que j'avais ordonné à Fusine et appela en témoin le père Balbi, qui me dit avec un visage à faire pitié qu'il avait une conscience et qu'il devait donner raison aux barcaroli. *Je me rends*, dis-je, avec un grand éclat de rire, *je n'ai pas dormi cette nuit et il se peut que j'aie dit à Fusine; c'est à Mestre que je veux aller. – Et nous*, répondit le barcarol, *irons à Mestre, et même en Angleterre, si vous voulez, mais si vous ne m'eussiez pas demandé si nous y serons avant quatorze heures, vous seriez resté bien attrapé, car nous allions à Fusine. Oui, oui, Monsieur, nous y serons, car nous allons à seconde d'eau et de vent.*

J'ai alors regardé derrière moi tout le beau canal et, ne voyant pas un seul bateau, admirant la plus belle journée qu'on pût souhaiter, les premiers rayons d'un superbe soleil qui sortait de l'horizon, les deux jeunes barcaroli qui ramaient à vogue forcée et réfléchissant en même temps à la cruelle nuit que j'avais passée, à l'endroit où j'étais dans la journée précédente et à toutes les combinaisons qui me furent favorables, le sentiment s'est emparé de mon âme qui s'éleva à Dieu miséricordieux, secouant les ressorts de ma reconnaissance, m'attendrissant avec une force extraordinaire et tellement que mes

derer. Dieser zweite kam im selben Augenblick gelaufen und nahm seinen Riemen, während der andere, der Führer der Gondel, mich fragte, wohin ich wolle. Da antwortete ich lauthals, erfreut, daß fünfzig *Barcaroli* zugegen waren und neugierig zuhörten: *Ich möchte nach Fusina, und wenn du schnell machst, gebe ich dir einen Philippstaler.* Das war mehr als der Tarif. Der Philippstaler war ein spanisches Geldstück, eine halbe Zechine wert: man bekommt es heute nicht mehr zu sehen. Nachdem ich diesen Befehl gegeben hatte, warf ich mich entspannt auf das mittlere Polster, und Pater Balbi, ohne Kopfbedeckung und in meinem Mantel, setzte sich wie ein Untergebener auf das Bänkchen. Das eigenartige Gesicht des Mönchs trug dazu bei, daß ich für einen Scharlatan oder einen Astrologen gehalten wurde, denn mein Aufzug stach allen, die mich ansahen, in die Augen.

Rasch entfernte sich die Gondel vom Ufer, zog am Zoll vorbei und begann mit Macht das Wasser des *Canale della Giudecca* zu teilen, durch den es nach Fusina ebenso wie nach Mestre geht, wo ich in Wirklichkeit hinwollte. Als ich sah, daß wir in der Mitte des Kanals waren, reckte ich den Kopf hoch und sagte zum *Barcarole* achtern: *Glaubst du, wir sind vor der vierzehnten Stunde in Mestre?* Ich hatte die dreizehnte Stunde schlagen hören, als Andreoli die große Tür öffnete. Der Barcarole antwortete mir, ich habe ihm befohlen nach Fusina zu fahren; und ich antwortete ihm, er sei verrückt, in Fusina hätte ich nichts verloren. Der zweite Barcarole bestätigte, daß ich Fusina befohlen hatte, und rief Pater Balbi als Zeugen an, der mit einem mitleiderregenden Gesichtsausdruck sagte, er habe schließlich ein Gewissen und müsse den beiden recht geben. *Ich gebe mich geschlagen,* sagte ich, *und lache dabei laut auf. Ich habe diese Nacht nicht geschlafen, und es ist gut möglich, daß ich Fusina gesagt habe; ich will aber nach Mestre. – Wir werden nach Mestre fahren,* antwortete der Barcarole, *und selbst nach England, wenn Ihr wollt; aber wenn Ihr mich nicht gefragt hättet, ob wir vor der vierzehnten Stunde dort sein würden, wäret Ihr schön hereingefallen, denn wir hatten Kurs auf Fusina. Ja, ja, mein Herr, wir werden pünktlich in Mestre sein, denn wir sind mit dem Strom und mit dem Wind.*

Dann betrachtete ich hinter mir den schönen Kanal, auf dem kein einziges Schiff zu sehen war, bewunderte den schönsten Tag, den

larmes s'ouvrirent soudain le chemin le plus ample pour soulager
mon cœur, que la joie excessive étouffait.

(Giacomo Casanova)

man sich wünschen konnte, die ersten Strahlen einer wunderbaren Sonne, die am Horizont aufging, die zwei jungen Barcaroli, die stramm ruderten, und dachte gleichzeitig an die grauenhafte Nacht, die ich hinter mir hatte, an den Ort, wo ich am Tag davor gewesen war, und all die Zufälle, die sich zu meinen Gunsten ausgewirkt hatten. Ein Hochgefühl ergriff meine Seele, erhob sie zu Gott dem Erbarmer, ließ alle Register meiner Dankbarkeit erzittern und versetzte mich mit großer Macht in Rührung, so sehr, daß mit einem Mal Tränen sich einen breiten Weg bahnten, um mein Herz zu erleichtern, das von der übermäßigen Freude schier erstickt wurde.

(Ulrich Friedrich Müller/Kristian Wachinger)

Le nozze del mare
Allora e ora

Quando ritto il doge antico
Su l'antico bucentauro
L'anel d'oro dava al mar,
E vedeasi, al fiato amico
De la grande sposa cerula,
Il crin bianco svolazzar;

Sorrideva nel pensiero
Ne le fronti a' padri tremuli
De' forti anni la virtù,
E gittava un guardo altero,
Muta, a l'onde, al cielo, a l'isole,
La togata gioventù.

Ma rompea superbo un canto
Da l'ignudo petto ed ispido
De gli adusti remator,
Ch'oggi vivono soltanto,
Tizïan, ne le tue tavole,
Ignorati vincitor.

Ei cantavano San Marco,
I Pisan, gli Zeni, i Dandoli,
Il maggior de i Morosin;
E pe'i sen lunati ad arco
Lunghi gli echi minacciavano
Sino al Bosforo e a l'Eussin.

Ne la patria del Goldoni
Dopo il dramma lacrimevole
La commedia oggi si dà:
De i grandi avi i padiglioni

Die Hochzeit des Meeres
Damals und jetzt

Wenn dem Meer nach altem Brauche
Auf dem Bucentaur der Doge
Mit dem Ring sich angetraut,
Und im günstigen Windeshauche
Flatterten die weißen Haare
Seiner blauen Riesenbraut:

Dann erglänzte den ergrauten
Vätern die gefurchte Stirne
Noch von starker Jahre Mut,
Und mit stolzem Blicke schauten
Edle Jünglinge Venedigs
Stumm auf Himmel, Land und Flut.

Doch ein Sang in prächtgen Tönen
Brach aus nackter Brust den Rudrern,
Tiefgebräunt und wetterhart.
Tizian, nur in deinen schönen
Bildern sind die unbekannten
Sieger uns noch aufbewahrt.

Was sie von San Marco sangen,
Von den Zeno und Pisano,
Dandolo und Morosin,
Klang, vom Echo aufgefangen,
Drohend durch die Golfe bis zum
Bosporus und zum Euxin.

Heut, nach tränenreichen Dramen,
Spielt man auch Komödie wieder
In Goldonis Vaterland:
Eine unsrer edlen Damen

Son velari, onde una femmina
Il mar d'Adria impalmerà.

Le carezze fien modeste:
Consumare il matrimonio
I due sposi non potran:
Paraninfa, da Trieste
L'Austria ride; e i ventri illirici
L'imeneo fischiando van.

Fate al Lido un po' di chiasso
E su a bordo un po' di musica!
Le signore hanno a danzar.
Ma, per dio, sonate basso:
Qualcheduno a Lissa infracida,
Che potrebbesi svegliar.

Bah! qui porgono la mano
Vaghe donne, a sprizzi fervidi
Lo sciampagna esulta qui.
Conte Carlo di Persano,
Oggi a festa i bronzi rombano:
Non mancate al lieto dí.

(Giosuè Carducci)

Reicht im Prachtgezelt der Väter
Dort dem Meere ihre Hand.

Die Karessen sind bescheiden,
Denn der Bund vollzieht sich nimmer:
Die verhalf zum Hochzeitsschmaus,
Austria, lacht heut den beiden
Von Triest zu; höhnisch pfeifen
Ihn Illyriens Winde aus.

Stimmt nur eine lustge Weise
Auf dem Lido an, zum Tanze
Spielt an Bord den Damen auf;
Doch, ums Himmels willen leise!
Mancher, der bei Lissa modert,
Wachte gar noch davon auf.

Pah! Was tuts! Den Tänzern lohnen
Schöne Damen hier; Champagner
Spritzt und schäumt im Kerzenlicht.
Heute dröhnen die Kanonen
Zum Vergnügen – Graf Persano
Fehlt zum frohen Feste nicht!

(Bettina Jacobsen)

Il fuoco

Egli esplorò intorno con lo sguardo il cielo e l'acqua come per discoprirvi una presenza invisibile, per riconoscervi un qualche fantasma sopravvenuto. Un bagliore gialligno diffondevasi verso i lidi solitarii che vi si disegnavo in sottilissimi lineamenti come le venature opache nelle agate; indietro, verso la Salute, il cielo era sparso di leggeri vapori rosei e violetti somigliando a un mare glauco popolato di meduse. Dai giardini prossimi scendevano gli effluvii della fronda sazia di luce e di calore, così gravi che sembravano quasi natanti come olii aromatici su l'acqua bronzina.

– Sentite l'autunno, Perdita? – chiese egli all'amica assorta, con una voce risvegliatrice.

Ella riebbe la visione dell'Estate defunta, chiusa nell'involucro di vetro opalino e sommersa in fondo alla laguna algosa.

– Mi sta sopra – rispose ella con un sorriso di malinconia.

– Non lo vedeste ieri quando discese su la città? Dov'eravate ieri, verso il tramonto?

– In un orto della Giudecca.

– Io qui, su la Riva. Non vi sembra che, quando gli occhi umani hanno ricevuto un simile spettacolo di bellezza e di gioia, le palpebre si dovrebbero abbassare per sempre e restar suggellate? Vorrei parlare stasera di queste intime cose, Perdita. Vorrei celebrare in me le nozze di Venezia e dell'Autunno, con una intonazione non diversa da quella che tenne il Tintoretto nel dipingere le nozze di Arianna e di Bacco per la sala dell'Anticollegio: – azzurro, porpora e oro. D'improvviso, ieri mi si aprì nell'anima un antico germe di poesia. Mi tornò nella memoria il frammento d'un poema obliato che incominciai a comporre in nona rima qui a Venezia, quando venni la prima volta navigando, alcuni anni fa, in un settembre della prima giovinezza. Era intitolato appunto *L'Allegoria dell'Autunno* e vi si rappresentava il dio – non più inghirlandato di pampini ma coronato di gemme come un principe del Veronese e infiammato di passione le vene voluttuose – nell'atto di migrare verso la Città anadiomene dalle braccia di marmo e dalle mille cinture verdi. Allora l'idea non

Das Feuer

Er forschte mit den Blicken umher am Himmel und auf dem Wasser, wie um eine unsichtbare Gegenwart zu entdecken, irgendeine plötzliche Erscheinung wahrzunehmen. Ein gelblicher Schimmer breitete sich dem Lido zu aus, der sich am Horizont in feinen Linien, wie die undurchsichtigen Adern im Achat, abzeichnete; weiter zurück nach Maria Della Salute war der Himmel mit leichten rosigen und violetten Dunstwölkchen bestreut, einem grünlichen, von Medusen bevölkerten Meere gleichend. Von den nahen Gärten sanken die Düfte des mit Licht und Wärme gesättigten Laubwerks so schwer nieder, daß sie fast aromatischen Ölen gleich auf dem bronzefarbenen Wasser zu schwimmen schienen.

„Fühlen Sie den Herbst, Perdita?" – fragte er die in Gedanken versunkene Freundin mit der Stimme des Weckers.

Die Vision der verblichenen Sommergöttin, in dem opalschillernden gläsernen Schrein verschlossen und in die Tiefe der algenreichen Lagune versenkt, tauchte wieder vor ihr auf.

„Er lastet auf mir", erwiderte sie mit melancholischem Lächeln.

„Haben Sie ihn nicht gestern gesehen, als er sich über die Stadt senkte? Wo waren Sie gestern bei Sonnenuntergang?"

„In einem Garten der Giudecca."

„Ich hier, auf der Riva. Scheint es Ihnen nicht so? Wenn menschliche Augen ein solches Schauspiel von Schönheit und Freude genießen durften, müssen die Lider sich für immer senken und fest versiegelt bleiben. Ich möchte heute abend von diesen intimen Stimmungen sprechen, Perdita. Ich möchte in meinem Innern die Hochzeit Venezias mit dem Herbste feiern, und mit einer Farbenharmonie, die nicht zurückstehen sollte hinter Tintorettos Farbenglanz auf seinem Bilde, die Hochzeit der Ariadne und des Bacchus, in dem Saale des Anticollegio: – himmelblau, purpur und gold. Gestern ganz plötzlich öffnete sich in meiner Seele der alte Keim eines Gedichts. Ich erinnerte mich des Bruchstückes eines vergessenen Poems, in neunzeiligen Strophen, das ich vor einigen Jahren begonnen hatte, als ich zum ersten Mal im Anfang des Septembers zu Schiff nach

era giunta a quel grado d'intensità che è necessario per entrare nella vita dell'arte; e io rinunziai istintivamente allo sforzo di manifestarla intera. Ma, poiché nello spirito attivo come nel terreno fertile non si perde alcun seme, essa ora mi risorge nel momento opportuno a chiedere con una specie d'urgenza la sua espressione. Quali fati misteriosi e giusti governano il mondo mentale! Era necessario che io rispettassi quel primo germe per sentirlo oggi espandere in me la sua virtù moltiplicata. Quel Vinci, che ha fitto il suo sguardo in ogni cosa profonda, ha voluto certo significare tal verità con quella sua favola del grano di miglio che dice alla formica: «Se mi fai tanto piacere di lasciarmi fruire il mio desiderio del nascere, *io ti renderò cento me medesimi.*» Ammirate qual tócco di grazia in quelle dita che spezzavano il ferro! Ah, egli è pur sempre il maestro incomparabile. Come farò io a dimenticarlo per abbandonarmi ai Veneziani?

(Gabriele d'Annunzio)

Venedig kam. *Die Allegorie des Herbstes* war der Titel, nicht mehr mit Weinlaub bekränzt nahte der Gott, sondern mit Edelsteinen gekrönt, wie ein Fürst des Veronese, und flammende Leidenschaft in den wollüstigen Adern, in die meerentstiegene Stadt mit den marmornen Armen und den tausend grünen Gürteln einzuziehen. Damals hatte der Gedanke noch nicht die innere Reifekraft erreicht, die zu der künstlerischen Entfaltung notwendig ist, und instinktiv verzichtete ich auf die Anspannung des Geistes, die die Ausführung erfordert hätte. Aber da im lebendigen Geist wie in fruchtbarem Erdreich kein Samenkorn verloren geht, so ersteht er mir jetzt im gelegenen Augenblick von neuem und verlangt mit einer Art Dringlichkeit nach Ausdruck. Welch geheimnisvolle und gerechte Mächte regieren die Sinnenwelt! Es war notwendig, daß ich diesen ersten Keim schonend behandelte, damit er heute in mir seine vervielfältigte Kraft ausbreiten konnte. Dieser Vinci, der mit seinem Blick jede Tiefe ergründet hat, hat zweifellos eine solche Wahrheit mit seiner Fabel von dem Hirsekorn ausdrücken wollen, das zur Ameise sagt: 'Wenn du so freundlich sein willst und meine Keimlust mich genießen lassen, *so will ich mich dir hundertfältig wiedergeben.*' Bewundern Sie diesen anmutigen Griff der Finger, die das Eisen zersplitterten! Ah, er ist immer der unvergleichliche Meister. Wie kann ich ihn vergessen, um mich den Venezianern hinzugeben?"

(M. Gagliardi)

Vom Anfang bis zur Mitte
des 20. Jahrhunderts

Abb. 4: Torre dell'Orologio an der Piazza San Marco.

Venezia

O dolce alla sognante anima, e mesto
dei marmorei palagi al limitare,
questo risucchio d'onde morte, questo
mare che vien dal mare.
Te la malia delle perdute istorie
penetra e cinge al par de' tuoi canali,
Città che desti al mondo anni fatali
né sai disfarti delle tue memorie!

(Giovanni Bertacchi)

Venedig

Oh wie sanft zur träumenden Seele, und betrübt
an der Schwelle der marmornen Palazzi
Jener Strudel aus toten Wellen, jenes
Meer, das aus dem Meer kommt.
    In Dich dringt der Zauber verloren gegangener Geschichten
ein und mit Deinen Kanälen gürtet er Dich
Stadt, die Du der Welt schicksalhafte Jahre gabst
und es doch nicht vermagst, Dich von Deinen Erinnerungen zu
lösen!

(Willi Jung)

Settembre a Venezia

Già di settembre imbrunano
a Venezia i crepuscoli precoci
e di gramaglie vestono le pietre.
Dardeggia il sole l'ultimo suo raggio
sugli ori dei mosaici ed accende
fuochi di paglia, effimera bellezza.
E cheta, dietro le Procuratíe,
sorge intanto la luna.
Luci festive ed argentate ridono,
van discorrendo trepide e lontane
nell'aria fredda e bruna.
Io le guardo ammaliato.
Forse più tardi mi ricorderò
di queste grandi sere
che son leste a venire,
e più belle, più vive le lor luci,
che ora un po' mi disperano
(sempre da me così fuori e distanti!),
torneranno a brillare
nella mia fantasia.
E sarà vera e calma
felicità la mia.

(Vincenzo Cardarelli)

74

September in Venedig

Früh bricht schon im September
über Venedig die Dämmerung herein
und Steine hüllen sich ein in Trauergewänder.
Es wirft die Sonne ihren letzten Strahl
auf das Gold der Mosaike und entflammt
Strohfeuer, vergängliche Schönheit.
Und inzwischen geht, hinter den Prokuratien,
still auf der Mond.
Festliche und silberne Lichter lachen
und mit zittriger Stimme erzählen sie von fern
in der kühlen und düsteren Abendluft.
Entrückt schaue ich ihnen zu.
Später werde ich mich vielleicht
jener großen Abende erinnern,
die behende daherkommen,
und schöner, lebendiger sind ihre Lichter,
die mir jetzt ein wenig Verzweiflung bringen
(wie entrückt und fern sind sie immer von mir!),
und zurück werden sie kehren,
um zu leuchten in meiner Phantasie.
Und wahr und still wird sein
mein Glück.

(Willi Jung)

Autunno veneziano

L'alito freddo e umido m'assale
di Venezia autunnale.
Adesso che l'estate,
sudaticcia e sciroccosa,
d'incanto se n'è andata,
una rigida luna settembrina
risplende, piena di funesti presagi,
sulla città d'acqua e di pietre
che rivela il suo volto di medusa
contagiosa e malefica.
Morto è il silenzio dei canali fetidi,
sotto la luna acquosa,
in ciascuno dei quali
par che dorma il cadavere d'Ofelia:
tombe sparse di fiori
marci e d'altre immondizie vegetali,
dove passa sciacquando
il fantasma del gondoliere.
O notti veneziane,
senza canto di galli,
senza voci di fontane,
tetre notti lagunari
cui nessun tenero bisbiglio anima,
case torve, gelose,
a picco sui canali,
dormenti senza respiro,
io v'ho sul cuore adesso più che mai.

Qui non i venti impetuosi e funebri
del settembre montanino,
non odor di vendemmia, non lavacri
di pioggie lacrimose,
non fragore di foglie che cadono.

Venezianischer Herbst

Es bedrängt mich der kalte und feuchte Atem
des herbstlichen Venedigs.
Jetzt, da der Sommer
mit Schweiß und Scirocco
wie durch Zauber von dannen gegangen ist,
leuchtet ein starrer Septembermond voll düsterer Anzeichen
über der Stadt aus Wasser und Steinen,
die ihr Medusengesicht enthüllt,
ansteckend und boshaft.
Tot liegt die Stille der stinkenden Kanäle
unter dem wässerigen Mond,
und in jedem von diesen,
so scheint es, schläft die Leiche Ophelias:
Gräber, bestreut mit verfaulten Blumen
und anderen pflanzlichen Abfällen,
wo plätschernd vorüberzieht
das Gespenst des Gondoliere.
O venezianische Nächte,
ohne Hahnenschrei,
ohne die Stimme der Brunnen,
düstere Lagunennächte,
die kein zärtliches Geflüster belebt,
finstere, neidvolle Häuser,
senkrecht über den Kanälen,
atemlos schlafend,
ihr macht mir das Herz schwer, jetzt mehr denn je.

Hier gibt's nicht die heftigen Leichenwinde
des Septembers im Gebirge,
nicht den Geruch der Weinernte, nicht die Waschungen
tränenvoller Regenfälle,
nicht das Getöse fallender Blätter.

Un ciuffo d'erba che ingiallisce e muore
su un davanzale
è tutto l'autunno veneziano.
Così a Venezia le stagioni delirano.
Pei suoi campi di marmo e i suoi canali
non son che luci smarrite,
luci che sognano la buona terra
odorosa e fruttifera.
Solo il naufragio invernale conviene
a questa città che von vive,
che non fiorisce,
se non quale una nave in fondo al mare.

(Vincenzo Cardarelli)

Settembre a Venezia

Hanno il colore delle navi morte
in un'alba lontana quei colombi
rimasti soli sulla grande piazza.
E l'agro odore della mareggiata,
di là dove verdeggia al cielo e ai vetri
del temporale un'isola di luce,
qui resta come un barbaglìo di tende
e di chiese che incrostano sui marmi
le fredde acquate dell'autunno.

Gemma di lutto e di bianchezza eterna,
alla sua voce ormai lontana è un sogno
questa che parve una città di piume.
Così la spoglia nel suono del mare
la nevicata dei silenzi azzurri.

(Alfonso Gatto)

Ein Grasbüschel, das auf einem Fenstersims
vergilbt und stirbt,
ist der ganze venezianische Herbst.
So sind die Jahreszeiten in Venedig im Delirium.
Entlang seiner Marmorplätze und seiner Kanäle
finden sich nur verstörte Lichter,
Lichter, die träumen von der guten Erde,
der duftenden und fruchttragenden.
Nur der winterliche Schiffbruch ist
dieser Stadt gemäß, die nicht lebt,
die nicht blüht,
es sei denn als ein Schiff in der Tiefe des Meeres.

(Helmut Meter)

September in Venedig

Sie haben die Farbe toter Schiffe
in einer fernen Morgendämmerung jene Tauben,
die alleine auf dem großen Platz zurückgeblieben sind.
Und der herbe Duft der Sturzwelle,
von dort, wo grün schimmert am Himmel und an den
    Fensterscheiben
beim Gewitter eine Insel aus Licht,
bleibt hier wie ein blendender Schein aus Vorhang
und aus Kirchen, die ihrem Marmor
die kalten Platzregen des Herbstes überziehen.
Edelstein aus Trauer und ewigem Weiß,
ihrer von nun an fernen Stimme ist jene
ein Traum, die eine Stadt aus Daunen zu sein schien.
Wie die Hülle beim Klange des Meeres
der Schneefall azurfarbener Schweigen.

(Willi Jung)

Natale al Caffè Florian

La nebbia rosa
e l'aria dei freddi vapori
arrugginiti con la sera,
il fischio del battello che sparve
nel largo delle campane.
Un triste davanzale,
Venezia che abbruna le rose
sul grande canale.

Cadute le stelle, cadute le rose
nel vento che porta il Natale.

(Alfonso Gatto)

Weihnachten im Café Florian

Der Nebel rosafarbig
und die Luft der kalten Dämpfe
verrostet mit dem Abend,
das Zischen des Boots, das verschwand
beim Largo der Glocken.
Ein tristes Fensterbrett,
Venedig, das die Rosen bräunt
am großen Kanal.

Gesunken die Sterne, gesunken die Rosen
im Wind, der Weihnachten bringt.

(Willi Jung)

La luce

La grande luce che dal vento al mare
biancheggia sulle navi e ride ai marmi
dei palazzi fuggenti, il brulichìo
degli albatri sull'acqua rotta al fresco
rigoglio delle spume, la Giudecca
profilata al chiarore del suo grande
cielo che passa nell'azzurro, illeso:
l'improvvisa speranza che la vita
accesa dai suoi palpiti trascorra
nella gioia degli alberi, del sole,
del pane caldo, delle donne calde:
tutto t'è dentro e un brivido la schiena,
un tuffo il capo nei capelli sciolti,
incarnata la bocca su quel pieno
bacio fuggente, o vita mia, o vita
di tutti, rossa, azzurra, vento, mare.

(Alfonso Gatto)

Mezzanotte a Mestre

Nell'ombra dei giardini e nella notte
azzurri rispondevano i soldati
alle donne lontane: il bianco stuolo
dei marinai disparve e restò l'aria,
la giovinezza che cantava ai ponti.

(Alfonso Gatto)

Das Licht

Das große Licht, das vom Wind zum Meer
auf den Schiffen weiß schimmert und dem Marmor
fliehender Paläste zulacht, das Gewimmel
der Albatrosse auf dem an die frische Üppigkeit der Schäume
gewohnten Wasser, die Giudecca
gezeichnet in der Helligkeit ihres großen
Himmels, der ins Azurfarbene übergeht, unversehrt:
die unerwartete Hoffnung, daß das
von seinen Herzschlägen entflammte Leben übergeht
in die Freude der Bäume, des Bodens,
des heißen Brotes, der heißen Frauen:
all das ist in Dir und ein Schauer läuft mir über den Rücken,
der Kopf in den aufgelösten Haaren ist eine Erregung,
verkörpert ist der Mund auf jenem vollen
fliehenden Kuß, oh mein Leben, oh Leben
aller, rot, azurfarben, Wind, Meer.

(Willi Jung)

Mitternacht in Mestre

Im Schatten der Gärten und in der Nacht
antworteten die azurfarbenen Soldaten
den fernen Frauen: die weiße Schar
der Matrosen verschwand und es blieb die Luft,
die Jugend, die an den Brücken sang.

(Willi Jung)

Torcello

Al verde lento del canale, al sole
che ventila gli steli è dolce l'ombra
d'una barca che passa. La laguna
al tuo amore sfinito spande il grigio
candente dei vapori, il largo cielo
dell'isola dei morti.
    Così al bianco
tuo petto di fanciullo guardi il seno
ch'è triste dei miei baci e in te sorridi
soffusa dalle palpebre nel sole.

(Alfonso Gatto)

Paesaggio veneziano

Ma quel rosa scialbato di Venezia,
crudo violetto che digrada al fioco
azzurro delle sere, quell'inezia
di luce che trapassa nell'eterno
presentimento, basta che per poco
si fermi e già precipita l'inverno,
il bianco, il nero dei suoi gessi fissi
nel cuore come l'urto dell'eclissi.

(Alfonso Gatto)

Torcello

Dem langsamen Grün des Kanals, der Sonne,
die die Stengel entlüftet, ist süß der Schatten
eines vorüberfahrenden Boots. Die Lagune
verströmt deiner erschöpften Liebe das graue
Strahlen der Dünste, der weite Himmel
der Insel der Toten.
   So wie auf deine weiße
kindliche Brust schaust Du auf den Busen,
der traurig ist von meinen Küssen und Du lächelst in Dich hinein
übergossen von den Augenlidern in der Sonne.

(Willi Jung)

Venezianische Landschaft

Aber jenes fahle Rosa Venedigs,
rauhes Violett, das sich matt abtönt
Azurblau der Abende, jene Kleinigkeit
aus Licht, das in einer ewigen Ahnung
hinscheidet, es genügt, wenn es nur kurz
anhält und schon stürzt der Winter,
das Weiß, das Schwarz seiner Steine
festsitzend im Herzen wie der Zusammenprall der Finsternis.

(Willi Jung)

Chiesa veneziana

Così, da sempre, come una memoria
che mai giunge a sbiadirsi, che mai perde
la traccia immaginosa, questa storia
di pietra e d'acqua, di laguna verde,

tratteggiata dai neri colombari
delle mura, da lapidi di rosa,
s'è fatta chiesa aperta agli estuari,
all'incrocio dei venti. Non riposa

mai tomba che non veda la sua morte
frangersi ancora contro il nero eterno.
E le gondole, battono alle porte
i lugubri mareggi dell'inverno.

(Alfonso Gatto)

Venezianische Kirche

So, schon immer, wie ein Gedächtnis,
dem es nie gelingt zu verblassen, das niemals
die phantasiereiche Fährte verliert, jene Geschichte
aus Stein und Wasser, aus grüner Lagune,

schraffiert von schwarzen Kolumbarien
der Mauern, von rosafarbenen Steinen,
Kirche geworden, den Mündungstrichtern,
der Kreuzung der Winde zugewandt. Niemals ruht

ein Grab, das nicht sieht, wie sein Tod
sich noch an dem ewigen Schwarz bricht.
Und die Gondeln, an die Türen schlagen
die düsteren Wogen des Winters.

(Willi Jung)

A Venezia elettrica
A Donna Giulia Matilde Valerio

Levatrice di sogni di poeti,
ho nel sangue la torbida malia
dell'acqua dei tuoi fetidi canali
verdi come la feccia nauseabonda
che resta nei bicchieri
dove son morti dei fiori;
ho nell'anima la divina malinconia
del tuo volto di femmina corrotta,
divorata dall'insonnia febbrile,
pompata fin nelle midolle più profonde
dalle bocche roventi
di tutte le lussurie.
Mi fai male, lo so;
mi stilli nei nervi un'inquietudine tormentosa,
m'irriti, m'avveleni: colla tua umidità
fosforescente di sepolcro chiuso,
susciti in me mille anomalie dolorose.
E pur mi piaci, perdutamente.
Mi piaci: con le tue gondole di cartapesta
che scorron silenziose sui tuoi rii
come funebri spole a tessere
un labirinto inestricabile;
o si dondolano in attesa agli ormeggi
scherzando con la loro lucida coda di sirena;
o si radunano misteriosamente,
di notte, cupe, in un traghetto solitario
vegliate dal fanale ricamato,
come un nero cimitero galleggiante;
o cullan mollemente
davanti ad un albergo voluttuoso
una bella straniera sorridente
sopra il cui capo pesa la chioma messile

Dem elektrischen Venedig
Für Donna Giulia Matilde Valerio

Hebamme der Dichterträume
im Blut habe ich den trüben Zauber
des Wassers deiner stinkenden Kanäle
grün wie der ekelhafte Bodensatz
der in den Gläsern bleibt
in denen Blumen verfault sind;
in der Seele habe ich die göttliche Melancholie
deines Gesichtes einer korrupten Frau,
von der fieberhaften Schlaflosigkeit verzehrt,
aufgepumpt bis ins Mark
aus rotglühenden Mündern
aller Wollüste.
Du tust mir weh, ich weiß es;
du flößt den Nerven eine quälende Unruhe ein,
du reizt mich, vergiftest mich: mit deiner phosphoreszierenden
Feuchtigkeit eines geschlossenen Grabes,
du löst in mir tausend schmerzhafte Mißbildungen aus.
Und du gefällst mir doch, wahnsinnig.
Du gefällst mir: mit deinen Gondeln aus Papiermaché
die schweigsam über deine Kanäle gleiten
und wie Totenweberschiffchen
ein unauflösliches Labyrinth wirken;
oder sie schaukeln an den Halteleinen wartend
spielend mit ihrem glänzenden Sirenenschweif;
oder geheimnisvoll versammeln sie sich
in der Nacht, dunkel, auf einem einsamen Fährboot,
bewacht von der bestickten Laterne,
wie ein schwarzer schwimmender Friedhof;
oder sie schaukeln sanft
vor einem wollüstigen Hotel
eine schöne anmutige Fremde
über deren Haupt die goldgelbe Mähne wiegt

come un dolce serpente biondo
stretto in corazze d'ambra e madreperla
e gli occhi senza fondo di brillanti.
Mi piaci: coi tuoi sordidi palazzi
che mutano la pelle come i platani,
impressionabili come camaleonti,
dai portali di cattedrali rovinate
dai profondi e tenebrosi androni
con pozzi sonori come tamburi
in cui par d'ascoltare ancora
l'antico pianto delle Danaidi;
con i tuoi pali simili
a ridicoli burattini
dai vestiti sbiaditi a forza di piangere;
coi tuoi specchi d'argento
in cui tornano a galla
barbe nere incitanti di morettine,
maschere rosee come confetture;
con la tua musica che brucia i cuori
come ineffabile vetriolo;
con i tuoi muri vaiolosi
che ammalan l'acqua di colorazioni elettriche;
con la tua luna esaltante
che la laguna ingoia
come una pastiglia di chinino
per guarire la sua febbre lancinante;
coi tuoi inverni lenti silenti
quando si vede su una soglia
biancheggiar della neve
come se dei fantastici Pierotti
v'abbiano amassato della farina
per fare una lor burla a Colombina;
con le tue bucce d'arancio
fluttuanti nel canale
come babbucce smesse
da qualche dogaressa;
con le tue campane di vetro

wie eine süße blonde Schlange
eng geschnürt in einen Panzer aus Bernstein und Perlmutt
und hintergrundlose Augen aus Brillanten.
Du gefällst mir: mit deinen schmutzigen Palazzi
die die Haut wie Platanen ändern,
empfindlich wie Chamäleons,
mit Portalen der zerstörten Kathedralen
mit tiefen und finsteren Toreingängen
mit Brunnen rasselnd wie Trommeln
in denen man noch zu hören scheint
das antike Weinen der Danaiden;
mit deinen Pfählen
die lächerlichen Marionetten ähnlich sind
mit durch langes Weinen verschossener Kleidung;
mit deinen silbernen Spiegeln
in denen sich flott drehen
anregende schwarze Maskenbärte,
Masken rosarot wie Konfitüren;
mit deiner Musik die Herzen verbrennt
wie unaussprechliches Vitriol;
mit deinen pockenkranken Mauern
die das Wasser mit elektrischen Kolorationen krank machen;
mit deinem aufregenden Mond
den die Lagune verschluckt
wie eine Chininpastille
um ihr stechendes Fieber zu heilen;
mit deinen trägen schweigenden Wintern
wenn man auf einer Schwelle
Schnee weiß schimmern sieht
als ob phantastische Pierrots
dort Mehl angehäuft hätten
um für Colombina eine ihrer Possen zu reißen;
mit deinen Orangenschalen
die im Kanal hin und her schaukeln
wie abgelegte Pantoffeln
von irgendeiner Dogin;
mit deinen gläsernen Glocken

nere come le tue gondole,
verdi come l'acqua dei tuoi canali,
consumate come i tuoi marmi,
lozangate come i tuoi pali;
coi tuoi lunghi camini,
pluviometri del pianto dei cieli,
clessidre di verdi crepuscoli,
incensieri di nuvole violacee;
con le tue donne languide
dal viso eternamente pallido
come per l'uso prolungato della maschera,
come se sian tornate or ora dal veglione.

In un palazzo oscuro
verdeggia una scalinata;
guardano giù da un muro
delle rose di pomata.

Contro un palo turchino,
in un rio, l'acqua ciancia;
d'oro, al cancel d'un giardino,
sporge il capezzolo un'arancia.

Su un tetto, la neve tranquilla
si posa di colombe in amore;
da una finestra stilla
la vernice d'un fiore.

(Corrado Govoni)

schwarz wie deine Gondeln,
grün wie das Wasser deiner Kanäle,
verschlissen wie dein Marmor,
rautenförmig wie deine Pfähle;
mit deinen langen Schornsteinen,
Regenmesser für das Weinen der Himmel,
Wasseruhren grüner Dämmerungen,
Weihrauchfäßer veilchenblauer Wolken;
mit deinen schmachtenden Frauen
mit ewig bleichem Gesicht
wie für den verlängerten Gebrauch der Maske,
als seien sie erst jetzt vom Maskenball zurückgekehrt.

In einem dunklen Palazzo
schimmert grün eine breite Treppe;
es schauen herunter von einer Mauer
Pomadenrosen.

Gegen einen türkisfarbenen Pfahl
in einem Kanal schwätzt das Wasser an;
golden, am Gitter eines Gartens,
streckt eine Orange die Brustwarze heraus.

Auf ein Dach setzt sich
der ruhige Schnee von turtelnden Tauben;
aus einem Fenster tröpfelt
der Firnis einer Blume.

(Willi Jung)

Venezia

Venezia. Silenzio. Il passo
di un bimbo scalzo
sulle fondamenta
empie d'echi
il canale.

Venezia. Lentezza. Agli angoli
dei muri sbocciano
alberi e fiori:
come se durasse
un'intera stagione il viaggio,
come se maggio
ora
li sdipanasse
per me.

Al pozzo di un campiello
il tempo
trova un filo d'erba tra i sassi:
lega con quello
il suo battito all'ala
di un colombo, al tonfo
dei remi.

(Antonia Pozzi)

94

Venedig

Venedig. Schweigsamkeit. Der Schritt
Barfüßigen Kindes
Auf den Ufermauern
Hallt wider
Am Kanal.

Venedig. Gelassenheit. An den Ecken
Der Mauern knospen
Bäume und Blumen:
Als ob die Reise
Währe Monde hindurch,
Als ob für mich
Der Mai nun
Dort
Verliefe.

Am Brunnen auf engem Platz
Findet die Zeit
Einen Grashalm zwischen Fliesen:
Bindet damit
Ihren Herzschlag an den Flügel
Einer Taube, an den Takt
Der Ruder.

(Ernst Wiegand Junker)

Veneziana

La biondina è sul balcone,
capo chino, ciglia basse,
tra le pallide erbe grasse
e il geranio vermiglione.

L'aria, i muri, il rio deserto
nel crepuscolo che muore
sono fisi al nuovo fiore
che lassù risplende aperto.

Lei però non ne sa nulla:
monda attenta il suo giardino,
ciglia basse e capo chino,
(Lei non è che una fanciulla).

Ora par che all'improvviso
l'abbia alcuno nominata.
Guarda intorno trasognata,
leva al cielo il bianco viso.

Gli occhi d'oro van cercando
qualche ignota strana cosa
nella luce dubitosa
del crepuscolo amaranto.

Ma nel cielo non c'è nulla;
spenti i muri, chiuso il rio
nel suo cupo dondolio.
(Lei non è che una fanciulla).

(Diego Valeri)

Die Venezianerin

Die Blondine steht auf dem Balkon
das Haupt gebeugt, die Augen gesenkt,
zwischen den bleichen fetten Kräutern
und der zinnoberroten Geranie.

Die Luft, die Mauern, der Kanal verlassen
in der späten Abenddämmerung
sind der neuen Blüte zugewandt
die da oben offen strahlt.

Sie aber weiß nichts davon:
aufmerksam reinigt sie ihren Garten,
mit gesenkten Augen und gebeugtem Haupt
(Sie ist nur ein junges Mädchen).

Nun scheint es, daß plötzlich
jemand sie gerufen hätte.
Sie schaut verträumt umher,
hebt zum Himmel ihr bleiches Gesicht.

Die goldenen Augen gleiten suchend
nach etwas Unbekanntem, Fremdem,
im gefährlichen Dämmerlicht
des dunkelroten Abendhimmels.

Aber ist am Himmel nichts:
verlassen die Mauern, verschlossen der Kanal,
in seinem dunklen Schaukeln
(Sie ist nur ein junges Mädchen).

(Willi Jung)

97

Riva di piena, canale d'oblio …

Ora è la grande ombra d'autunno:
la fredda sera improvvisa calata
da tutto il cielo fumido oscuro
sull'acqua spenta, la pietra malata.

Ora è l'angoscia dei lumi radi,
gialli, sperduti per il nebbione
l'un dall'altro staccati, lontani,
chiuso ciascuno nel proprio alone.

Riva di piena, canale d'oblio …
Non una voce dentro il cuor morto.
Solo quegli urli straziati d'addio
dai bastimenti che lasciano il porto.

(Diego Valeri)

Hochwasserufer, Kanal des Vergessens ...

Die große Herbstfinsternis ist nun da:
plötzlich und kalt hat sich der Abend gesenkt
aus dem ganz dunklen und verrauchten Himmel herab
auf das untätige Wasser, den kranken Stein.

Nun ist die Angst der spärlichen Laternen da,
gelb, verloren im dichten Nebel
eine getrennt von der anderen, fern,
verschlossen jede im eigenen Lichthof.

Hochwasserufer, Kanal des Vergessens ...
Nicht eine Stimme hinter dem toten Herzen.
Nur jenes gequälte Heulen des Abschieds
von den Schiffen, die den Hafen verlassen.

(Willi Jung)

Riva

Il mio bene è su questa lunga riva
dove lunghi si stendono i tramonti
del cielo e del canale: un rosso un oro
di ricordo a inseguir la fuggitiva
felicità del sole, un fermo volo
di spazi tra precipiti orizzonti
sparsi di fuochi vaghi; e gli oscillanti
alberi dei velieri con la rete
delle tremule corde, e questo canto
silenzioso d'acque vive e chete
che si spengono in ombra d'amaranto.

(Diego Valeri)

Ufer

Mein Glück liegt an diesem langen Ufer
an dem die Sonnenuntergänge sich lang hinziehen
zwischen Himmel und Kanal: ein Rot, ein Gold
der Erinnerung, um dem flüchtigen Glück
der Sonne zu folgen, ein unbewegter Flug
der Räume zwischen hinabgestürzten Horizonten,
in die vage Feuerlichter eingestreut sind; und die schwankenden
Mastbäume der Segelschiffe mit dem Netz
aus zitternden Seilen, und diesem schweigenden Gesang
aus lebendigen und stillen Gewässern,
die im dunkelroten Schatten verlöschen.

(Willi Jung)

Primavera a Venezia

Senti, sotto la pietra, il soffocato
fremito della terra che formicola
di giovani violenze prigioniere?
Senti il respiro immenso che solleva
i palazzi, le cupole, le altane
più verso il cielo, e in cielo avventa cumuli
di nuvole d'argento, apre ferite
di luce azzurra, viva come sangue? ...
O primavera che non puoi fiorire
in petali di pèsco, luccicare
in filo d'erba, bevere nell'aria
per mille bocche il sole e la rugiada,
rovesciarti a torrente per le forre,
cantare con la lunga onda dei fiumi
per la pianura – o primavera schiava;
io non so cosa più soave e bella
di te, che fai tua festa d'un riflesso
blando d'acque e di cieli, d'uno strido
aspro di rondine, d'un rombo errante
di campane, d'un bianco sventolìo
di cenci al sole, d'un fremer di vela
d'oro, nel vento che la gonfia e preme:
o primavera che non puoi dar fiore,
o giovinezza dal sepolto cuore.

Così piccola cosa – una falcetta
bianca, di luna, incisa nell'opaca
azzurrità del crepuscolo estremo –
basta a tener sospesa in un magato
stupore, dentro immobili velari
di sogno, la città d'acqua e di sasso.
Senza più corpo né peso, librata
nell'aria vana come vana nuvola,

102

Frühling in Venedig

Hörst Du, unter dem Stein, das erstickte
Beben der Erde, in der es wimmelt
von jungen, gefangenen Gewalten?
Hörst Du den unendlichen Atem, der
Palazzi, Kuppeln, Söller
näher gen Himmel rückt und gen Himmel
silberne Kumuluswolken schleudert, Wunden öffnet
aus azurfarbenem Licht, lebendig wie Blut? ...
Oh Frühling, Du kannst nicht blühen
in Pfirsichblütenblättern, funkeln
im Grashalme, aus der Luft mit tausend Mündern
Sonne und Sonnentau trinken,
durch die Schluchten hinabstürzen,
singen mit der langen Welle der Flüsse
in der Ebene – oh versklavter Frühling;
ich weiß nicht, was süßer und schöner ist
als Du, der Du Dir ein Fest machst aus dem schwachen
Widerschein aus Wasser und Himmel, dem
schrillen Schrei der Schwalbe, dem fahrenden Dröhnen
der Glockentürme, aus dem weißen Flattern
der Lappen in der Sonne, aus einem Beben
des goldenen Segels, im Wind, der es aufbläst und dagegen drückt:
oh Frühling, der Du keine Blüten geben kannst,
oh Jugend mit einem begrabenem Herzen.

Ein so kleines Ding – eine weiße
Mondsichel, eingeschnitzt in das undurchsichtige
Azurblau der späten Abenddämmerung –
genügt, in einem verzauberten
Staunen in der Schwebe zu halten, hinter starren
Traumvorhängen, die Stadt aus Wasser und Stein.
Ohne Körper noch Gewicht, schwebend
in der vergänglichen Luft wie eine vergängliche Wolke,

Venezia attende che un vento notturno
la levi a volo, verso quel sottile
lontanissimo golfo di splendore,
per il vuoto infinito.

(Diego Valeri)

Ottobre di Venezia

Questi grigi di perla, e grigirosa,
e grigiverdi, in cui l'acqua ed il cielo
sembran vanire, come dietro un velo
d'eguale lontananza favolosa …

Giunge dal mare il fiato sonnolento
dello scirocco. Stancamente dondola
presso la riva l'ombra d'una gondola.
L'onda ha un singulto soffocato dentro.

Venezia giace languida, disfatta.
E se un raggio di sol, rompendo il folto
delle nebbie, le palpita sul volto,
socchiude appena i gialli occhi di gatta.

(Diego Valeri)

Venedig wartet darauf, daß ein nächtlicher Wind
es zum Fluge erhebt, gen jenen feinen
weit entfernten Prachtgolf,
durch die unendliche Leere.

(Willi Jung)

Venedigs Oktober

Dieses Perlgrau, und Graurosa,
und Graugrün, in dem Wasser und Himmel
sich zu verflüchtigen scheinen, wie hinter einem Schleier
aus gleicher märchenhafter Ferne …

Aus dem Meer kommt der schlaftrunkene Hauch
des Schirokkos. Müde schaukelt hin und her
am Ufer der Schatten einer Gondel.
Die Welle hat einen unterdrückten Schluckauf.

Venedig liegt matt, erschöpft.
Und wenn ein Sonnenstrahl, das Dickicht
der Nebel durchbrechend, im Gesicht pulsiert,
schließt es halb die gelben Katzenaugen.

(Willi Jung)

*Von der Mitte des 20. bis zum Beginn
des 21. Jahrhunderts*

Abb. 5: Ponte dell'Accademia, Palazzo Franchetti und Santa Maria della Salute.

L'acqua che calarà

L'acqua che calarà
ne porterà via tanti
de ridi e pianti da questa città
La g'ha portà via i ori
la g'ha portà le miserie
e tutto quel che no se g'ha pescà

La s'ha già portà via
i ani nostri beli
e queli bruti la s'ha desmentegà
Te resta da rempianzer
el ricordo del bon tempo
e el suòr de quelo che te x'è restà

Qua da noialtri i mesi
del caldo i dura poco
el sol ti lo vedi quasi de scondon
Col caldo che te suga
ti lavori note e giorno
e po' un inverno sensa remission

in cuor ti preghi dio
ch'el te la manda bona
ch'el tempo dura belo più ch'el pol
Ti bestemi ad ogni piova
le ore no g'ha nome
el giorno e la note no esiste più

e po' un inverno
che fa miseria.

(Gualtiero Bertelli)

110

Das Wasser, das fallen wird

Das Wasser, das fallen wird
wird so viele davontragen
Lachen und Tränen aus dieser Stadt
Es hat das Gold schon weggetragen
das Elend hat es herangetragen
und alles, was nicht aufgefischt wurde

Es hat unsere schönen Jahre
schon weggetragen
und jene häßlichen dort hat es vergessen
Was dir bleibt ist das Bedauern
die Erinnerung an die schöne Zeit
und der Schweiß dessen, was dir geblieben

Hier bei uns sind die warmen Monate
von kurzer Dauer
die Sonne siehst du so, als wäre sie verborgen
mit der Wärme, die dich trocknet
arbeitest du Tag und Nacht
und dann ein Winter ohne Erbarmen

im Herzen bittest du Gott
daß er dir Gutes schickt
daß das schöne Wetter solange wie möglich anhalte
Fluche bei jedem Regen
die Stunden haben keinen Namen
Tag und Nacht gibt es nicht mehr

und dann ein Winter
der Armut bringt.

(Willi Jung)

Le città invisibili (VI)

– Ti è mai accaduto di vedere una città che assomigli a questa? – chiedeva Kublai a Marco Polo sporgendo la mano inanellata fuori dal baldacchino di seta dal bucintoro imperiale, a indicare i ponti che s'incurvano sui canali, i palazzi principeschi le cui soglie di marmo s'immergono nell'acqua, l'andirivieni di battelli leggeri che volteggiano a zigzag spinti da lunghi remi, le chiatte che scaricano ceste di ortaggi sulle piazze dei mercati, i balconi, le altane, le cupole, i campanili, i giardini delle isole che verdeggiano nel grigio della laguna.

L'imperatore, accompagnato dal suo dignitario forestiero, visitava Quinsai, antica capitale di spodestate dinastie, ultima perla incastonata nella corona del Gran Kan.

– No, sire, – rispose Marco, – mai avrai immaginato che potesse esistere una città simile a questa.

L'imperatore cercò di scrutarlo negli occhi. Lo straniero abbassò lo sguardo. Kublai restò silenzioso per tutto il giorno.

Dopo il tramonto, sulle terrazze della reggia, Marco Polo esponeva al sovrano le risultanze delle sue ambascerie. D'abitudine il Gran Kan terminava le sue sere assaporando a occhi socchiusi questi racconti finché il suo primo sbadiglio non dava il segnale al corteo dei paggi d'accendere le fiaccole per guidare il sovrano al Padiglione dell'Augusto Sonno. Ma stavolta Kublai non sembrava disposto a cedere alla stanchezza. – Dimmi ancora un'altra città, – insisteva.

– ... Di là l'uomo si parte e cavalca tre giornate tra greco e levante ... – riprendeva a dire Marco, e a enumerare nomi e costumi e commerci d'un gran numero di terre. Il suo repertorio poteva dirsi inesauribile, ma ora toccò a lui d'arrendersi. Era l'alba quando disse: – Sire, ormai ti ho parlato di tutte le città che conosco.

– Ne resta una di cui non parli mai.

Marco Polo chinò il capo.

– Venezia, – disse il Kan.

Marco sorrise. – E di che altro credevi che ti parlassi?

L'imperatore non batté ciglio. – Eppure non ti ho mai sentito fare il suo nome.

Die unsichtbaren Städte (VI)

„Hattest du jemals Gelegenheit, eine Stadt zu sehen, die dieser gleicht?" lautete Kublai Khans Frage an Marco Polo, und er streckte seine beringte Hand aus dem seidenen Baldachin des kaiserlichen Bucentaurus und zeigte auf die Brücken, die sich über den Kanälen wölbten, auf die fürstlichen Paläste, deren marmorne Schwellen bis ins Wasser gingen, auf das Hin und Her der Leichter, die, von langen Rudern vorangetrieben, kreuz und quer fuhren, auf die Lastkähne, die Körbe mit Gemüse an den Marktplätzen ausluden, auf die Balkons, die Altane, die Kuppeln, die Glockentürme, die Gärten der Inseln, die im Grau der Lagune grünten.

Der Kaiser, in Begleitung seines ausländischen Würdenträgers, besuchte Quinsai, alte Hauptstadt entmachteter Dynastien, letzte Perle, gefügt in die Krone des Groß-Khans.

„Nein, Sire", antwortete Marco, „ich hätte mir nie vorgestellt, daß es so eine Stadt wie diese geben könnte."

Der Kaiser versuchte, ihm in die Augen zu sehen. Der Fremde senkte den Blick, Kublai blieb den ganzen Tag über stumm.

Auf den Terrassen des Kaiserpalastes berichtete Marco Polo nach Sonnenuntergang dem Herrscher die Ergebnisse seiner Sendreisen. Für gewöhnlich beendete der Groß-Khan seine Abende damit, daß er mit halbgeschlossenen Augen diese Erzählungen genoß, bis sein erstes Gähnen für die Schar der Pagen das Zeichen war, die Fackeln zu entzünden und den Herrscher in den Pavillon des Erhabenen Schlafs zu geleiten. Diesmal jedoch schien Kublai nicht geneigt, der Müdigkeit nachzugeben. „Sprich mir noch von einer anderen Stadt", beharrte er.

„... Von dort bricht der Mensch auf und reitet drei Tage gen Ost-Nordost ...", begann Marco wiederum seine Rede und zählte noch Namen und Bräuche und Handel einer Vielzahl von Gegenden auf. Sein Vorrat konnte als unerschöpflich bezeichnet werden, doch nun war es an ihm, zu kapitulieren. Der Morgen graute, und er sagte: „Sire, nun habe ich dir von allen Städten gesprochen, die ich kenne."

„Da ist noch eine, von der du nie sprichst."

E Polo: – Ogni volta che descrivo una città dico qualcosa di Venezia.

– Quando ti chiedo d'altre città, voglio sentirti dire di quelle. E di Venezia, quando ti chiedo di Venezia.

– Per distinguere le qualità delle altre, devo partire da una prima città che resta implicita. Per me è Venezia.

– Dovresti allora cominciare ogni racconto dei tuoi viaggi dalla partenza, descrivendo Venezia così com'è, tutta quanta, senza omettere nulla di ciò che ricordi di lei.

L'acqua del lago era appena increspata; il riflesso di rame dell'antica reggia dei Sung si frantumava in riverberi scintillanti come foglie che galleggiano.

– Le immagini della memoria, una volta fissate con le parole, si cancellano, – disse Polo. – Forse Venezia ho paura di perderla tutta in una volta, se ne parlo. O forse, parlando d'altre città, l'ho già perduta a poco a poco.

(Italo Calvino)

Marco Polo senkte den Kopf.

„Venedig", sagte der Khan.

Marco lächelte. „Wovon dachtest du denn, daß ich dir gesprochen hätte?"

Der Kaiser zuckte nicht mit der Wimper. „Doch hörte ich dich nie den Namen aussprechen."

Und Polo: „Jedesmal, wenn ich dir eine Stadt beschreibe, sage ich etwas über Venedig."

„Wenn ich dich über andere Städte befrage, will ich dich über sie sprechen hören. Und über Venedig, wenn ich dich über Venedig befrage."

„Um die Eigenschaften der anderen zu unterscheiden, muß ich von einer ersten Stadt ausgehen, die inbegriffen ist. Für mich ist sie Venedig."

„Dann müsstest du jeden Bericht deiner Reisen mit der Abfahrt beginnen und Venedig beschreiben, wie es ist, das ganze, ohne das Geringste fortzulassen, was daran erinnert."

Das Wasser im See war nur ein wenig gekräuselt; der kupfrige Widerschein des alten Herrschersitzes der Sung zerbrach in glitzernde Spiegelungen gleich treibenden Blättern.

„Sind die Bilder des Gedächtnisses erst einmal mit Worten festgelegt, verlöschen sie", sagte Polo. „Vielleicht fürchte ich mich davor, das ganze Venedig auf einmal zu verlieren, wenn ich von ihm spreche. Oder vielleicht habe ich es, während ich von den anderen Städten sprach, schon nach und nach verloren."

(Heinz Riedt)

Le città e gli occhi

Giunto a Fillide, ti compiaci d'osservare quanti ponti diversi uno dall'altro attraversano i canali: ponti a schiena d'asino, coperti, su pilastri, su barche, sospesi, con i parapetti traforati; quante varietà di finestre s'affacciano sulle vie: a bifora, moresche, lanceolate, a sesto acuto, sormontate da lunette o da rosoni; quante specie di pavimenti coprono il suolo: a ciottoli, a lastroni, d'imbrecciata, a piastrelle bianche e blu. In ogni suo punto la città offre sorprese alla vista: un cespo di capperi che sporge dalle mura della fortezza, le statue di tre regine su una mensola, una cupola a cipolla con tre cipolline infilzate sulla guglia. „Felice chi ha ogni giorno Fillide sotto gli occhi e non finisce mai di vedere le cose che contiene", esclami, col rimpianto di dover lasciare la città dopo averla solo sfiorata con lo sguardo.

Ti accade invece di fermarti a Fillide e passarvi il resto dei tuoi giorni. Presto la città sbiadisce ai tuoi occhi, si cancellano i rosoni, le statue sulle mensole, le cupole. Come tutti gli abitanti di Fillide, segui linee a zigzag da una via all'altra, distingui zone di sole e zone d'ombra, qua una porta, là una scala, una panca dove puoi posare il cesto, una cunetta dove il piede inciampa se non ci badi. Tutto il resto della città è invisibile. Fillide è uno spazio in cui si tracciano percorsi tra punti sospesi nel vuoto, la via più breve per raggiungere la tenda di quel mercante evitando lo sportello di quel creditore. I tuoi passi rincorrono ciò che non si trova fuori degli occhi ma dentro, sepolto e cancellato: se tra due portici uno continua a sembrarti più gaio è perché è quello in cui passava trent'anni fa una ragazza dalle larghe maniche ricamate, oppure è solo perché riceve la luce a una cert'ora come quel portico, che non ricordi più dov'era.

Milioni d'occhi s'alzano su finestre ponti capperi ed è come scorressero su una pagina bianca. Molte sono le città come Fillide che si sottraggono agli sguardi tranne che se le cogli di sorpresa.

(Italo Calvino)

116

Die Städte und die Augen

Bist du in Fillide angekommen, blickst du gern auf die Vielfalt der Brücken, die, eine anders als die andere, über die Kanäle führen: bucklige, gedeckte, auf Pfeilern, auf Booten, hängende und mit durchbrochenem Geländer; auf die Vielfalt der Fenster, die auf die Straße gehen: doppelbogige, maurische, lanzettförmige, spitzbogige, darüber Lunetten oder Rosetten; auf die Vielfalt des Bodenbelags: Kieselsteine, Platten, Schotter, weiße und blaue Kacheln. An jedem ihrer Punkte bietet die Stadt dem Auge Überraschungen: ein Kapernbusch, der aus den Mauern der Festung sprießt, die Standbilder dreier Königinnen auf einem Sims, ein Zwiebelturm mit drei auf die Spitze gesteckten Zwiebelchen. „Wie glücklich, wer jeden Tag Fillide vor Augen hat und nie aufhört, all die Dinge zu sehen, die es enthält!" rufst du aus, voller Wehmut, die Stadt verlassen zu müssen, nachdem du sie nur eben mit deinem Blick gestreift.

Doch es trifft sich, daß du in Fillide bleibst und hier den Rest deiner Tage verbringst. Gar bald verblasst die Stadt vor deinen Augen, die Rosetten, die Statuen auf den Simsen, die Kuppeln vergehen. Wie alle andern Einwohner von Fillide verfolgst du Zickzacklinien von einer Straße zur anderen, unterscheidest Sonnen- und Schattengebiete, hier eine Tür, dort eine Treppe, eine Bank, wo du den Korb absetzen kannst, eine kleine Vertiefung, wo du mit dem Fuß hängenbleibst, wenn du nicht aufpasst. Der ganze Rest der Stadt ist unsichtbar. Fillide ist ein Raum, wo Wegstrecken zwischen Punkten verzeichnet werden, die im Leeren hängen, der kürzeste Weg, um zur Markise jenes Kaufmanns zu gelangen und dabei die Tür jenes Gläubigers zu vermeiden. Deine Schritte gehen nicht dem nach, was außerhalb der Augen, sondern was in ihnen ist, begraben und gelöscht: Wenn von zwei Laubengängen dir einer immer noch heiterer erscheint, so ist das, weil durch ihn vor dreißig Jahren ein Mädchen mit weiten gestickten Ärmeln ging, oder auch nur, weil er zu einer gewissen Stunde ein Licht bekommt wie jener andere, von dem du nicht mehr weißt, wo er war.

Millionen Augen heben sich zu Fenstern, Brücken, Kapernbü-

Venezia si chiamava

Venezia si chiamava,
ma di campo in campo
non c'è più nessuno.
Rimasto è ciò che la copriva
nelle sere d'inverno: nebbia d'acqua e di fumo,
ultimo lembo della veste
di un dio né buono né malvagio.
Dio è indifferente e viaggia senza volto
col vento verso la terraferma
donde vengo anch'io.

Venezia si chiamava. Chi non c'è stato,
chi non l'ha avuta? Son venuti sin dalle steppe.
E non c'era più altro che taverne
e che cambiavaluta.
Sembrava Cuba, Haiti al tempo dei pirati.
Ma a chi importava?
Pur non erano il peggio i transeunti,
il male oscuro
erano gli abitanti.
Il Dorsoduro intorno alla Salute
era una roccaforte di arlecchini.

Anche di far progetti per arginare il mare
ne avevano abbastanza.
Eran tutti discorsi.
Ora il mare è venuto.

schen, und das ist, als überflögen sie ein weißes Blatt. Viele sind der
Städte wie Fillide, sie entziehen sich den Blicken, oder du über-
raschst sie.

(Heinz Riedt)

Venedig hieß es

Venedig hieß es,
aber auf den Plätzen
ist kein Mensch mehr zu sehen.
Zurück ist geblieben nur das,
was es bedeckte
in den Winterabenden: rieselnder, qualmender Nebel,
der letzte Kleidsaum
eines weder guten noch bösen Gottes.
Gott ist gleichgültig und reist, antlitzlos,
mit dem Wind auf das Festland zu,
von dem auch ich stamme.

Venedig hieß es. Wer war nicht einmal da,
wer hat es nicht besessen? Man kam sogar aus den Steppen.
Und es gab da nichts mehr als Tavernen,
als Geldwechslerstuben.
Es sah aus wie Cuba, wie Haiti zur Zeit der Seeräuber.
Doch wem machte das etwas aus?
Doch die Vorübergehenden waren das Schlimmste nicht,
das Verhängnis, das heimliche,
waren die Insassen.
Der Dorsoduro um die Salute-Kirche
war eine Hochburg der Harlekine.

Und vom Pläne-Schmieden
das Meer einzudämmen hatten sie genug.
Nie war es ernst gemeint.
Nun ist das Meer gekommen.

Venezia si chiamava e non c'è più.
Gli ultimi amici se ne sono andati
in terraferma. Giù dal campo vedo
che nella casa vuota va e viene il vento.
Anche il mio piccolo gatto è scomparso
in terraferma.
Non c'è più la Giudecca là davanti.
e i pochi
deboli lumi ancora accesi
sono di gente che fa trasloco.

(Anna Maria Carpi)

Venezia, Caffè Tedesco sul Canal Grande, 1918

Oh se fosse di ieri questo adesso!
E delle acque dei congiungimenti
E dei malfermi incardinamenti
Il rivolo scorresse in ora d'anima
Tra i tavolini fatti rientrare
Per un'acqua o una rissa o qualche sparo
Lontano che cessasse! Ultimi a dirgli
Grazie da un'ogivetta grazie addio …
Tremolii di finezze moribonde
Trasalimenti di bellezza invalida
Li indossiamo in ricordi di suicidi
Quando ha la coppia lunari brividi
E un riso c'è su di loro indecisi.
C'è in noi tant'anima da colmare
Un canale che vada all'infinito
E sul fondo è la chiave che tenemmo
Di occhi e luci persi

(Guido Ceronetti)

Venedig hieß es, und ist nicht mehr da.
Die letzten Freunde sind schon fortgegangen
aufs Festland. Von dem Platz da unten
sehe ich, wie durch die leere Wohnung
der Wind ein- und ausweht.
Auch meine kleine Katze ist verschwunden
aufs Festland.
Da vorne ist die Giudecca nicht mehr zu sehen,
und die spärlichen
Lichter, die noch brennen,
sind die von Leuten, die dabei sind wegzuziehen.

(Anna Maria Carpi)

Venedig, Caffè Tedesco am Canal Grande, 1918

Oh wäre doch von gestern dieses jetzt!
Und vom Wasser der Verbindungskanäle
Und den schwankenden Stützpfählen
Das Bächlein flösse in Herzzeit
Zwischen den hereingetragenen Cafétischen
Wegen eines Regenwassers oder einer Schlägerei oder irgendeiner
    entfernten Schießerei
die aufhören würde. Die letzten, ihm
Danke zu sagen, aus einem Spitzbogen Danke Lebwohl …
Zittern schwindender Feinheiten
Aufschrecken versehrter Schönheit
Wir legen sie an zur Erinnerung an Selbstmorde
Wenn beim Mondlicht erschaudert das Paar
Und ein Lachen liegt über ihnen, die sie unentschlossen sind.
In uns ist soviel Seele, daß man
Einen Kanal damit anfüllen könnte, der ins Unendliche führt
Und auf dem Grunde liegt der Schlüssel, den wir hielten,
zu den verlorenen Augen und Lichtern

(Willi Jung)

Venezia

Venezia di pietra
e di mare
madre e matrigna
specchio alla mia vita
misura superba
della morte vicina,
ti ho cercata
nei vani giorni
della mia tardiva primavera
volo radente
sulle antiche pietre
e piombo fuso di laguna
mi ha risposto
un silenzio notturno
e un odore
di vite perse.

(Maria Luigia Chiosi)

Venedig

Venedig aus Stein
und Meer
Mutter und Stiefmutter
Spiegel meines Lebens
hervorragendes Maß
des nahen Todes,
ich habe dich gesucht
an den nutzlosen Tagen
meines späten Frühlings
Streifflug
über die antiken Steine
und Lagunenbleiguß
hat mir geantwortet
ein nächtliches Schweigen
und ein Geruch
nach verlorenem Leben.

(Willi Jung)

Morte a Venezia

Era un adagio
il mio canto
– il canto del cigno –
palpabile deserto
mia città di marmo,
sirene stridenti
sul pianto
degli archi in fuga.

Sopra l'acqua
tenero un ponte ...

Corde di salso
a chiuderti,
vapori di laguna.
La storia è vanità
dopo l'ultima stella
perché non verrà l'aurora
a rinnovare l'ombra
sul portale gotico.

(Maria Luigia Chiosi)

Tod in Venedig

Adagio war
mein Gesang
– Schwanengesang –
fühlbare Wüstenei
meine Marmorstadt,
kreischende Sirenen
unter Tränen
der Streicher einer Fuge.

    Über dem Wasser
    eine Brücke zart …

Salzige Taue
um dich einzuschließen,
Lagunendämpfe.
Geschichte ist Eitelkeit
nach dem letzten Stern
da die Morgenröte nicht kommt
um den Schatten wieder zu erneuern
auf dem gotischen Portal.

                  (Willi Jung)

Miracolo a Venezia

Venezia sta sull'acqua, manda cattivo odore
la radio e i giornalisti dicono sempre „Venezia muore!"
cadono tutte le stelle, si spengono ad una a una
e sembrano caramelle che si sciolgono nella laguna
cadono tutte le stelle e tu lasciale cadere
lascia che si nascondano se non le vuoi vedere
Venezia sta sull'acqua e piano piano muore
il cielo sopra le fabbriche cambia colore
le nuvole sono fumo sopra Marghera
dove non c'è nessuno, nessuno esce la sera
mentre al Lido davanti al Cinema pastori ed operai
fanno a gara su quelle gondole che non avevano preso mai
e navigano fino all'Africa senza motore
fino a che finisce il Cinema e ricomincia il rumore
Venezia sta sull'acqua e piano piano muore
un uomo sotto il cappotto nasconde un coltello e un geranio
galleggiano i nostri cuori come isole per la via
Venezia luogo comune della malinconia

(Francesco De Gregori)

Wunder in Venedig

Venedig liegt am Wasser, verbreitet einen schlechten Geruch
Das Radio und die Journalisten sagen immer: „Venedig stirbt!"
Es sinken alle Sterne, sie erlöschen einer nach dem anderen
Und scheinen Bonbons zu sein, die sich in der Lagune auflösen
Es sinken alle Sterne und Du läßt sie sinken
Läßt zu, daß sie sich verstecken, wenn Du sie nicht sehen willst
Venedig liegt am Wasser und langsam, langsam stirbt es
Der Himmel über den Fabriken wechselt die Farbe
Die Wolken sind Rauch über Marghera
Wo niemand ist, niemand geht abends aus
Während am Lido Hirten und Arbeiter vor dem Kino
Auf den Gondeln, die sie niemals genommen haben, um die Wette
   fahren
Und bis Afrika ohne Motor fahren
Bis das Kino aus ist und der Lärm wieder einsetzt
Venedig liegt am Wasser und langsam, langsam stirbt es
Ein Mann versteckt unter dem Wintermantel ein Messer und eine
   Geranie
Es schwimmen auf dem Weg unsere Herzen wie Inseln
Venedig Gemeinplatz der Melancholie

(Willi Jung)

Venezia d'inverno

Hai tu visto Venezia d'inverno?
Un volo di gabbiani e un cielo sordo.
Nessun negozio di voci e di fiati
e colombe intanate o smarrite.
Questa prigioniera dell'inverno
aspetta il riscatto orgogliosa.

(Virgilio Guidi)

Venedig im Winter

Hast Du Venedig im Winter gesehen?
Ein Möwenflug und ein dumpfer Himmel,
kein Stimmen- und Atemwechsel
verkrochene, verlorene Tauben.
Auf ihre Befreiung wartet stolz
diese Gefangene des Winters.

(Willi Jung)

Miracolosa città

Miracolosa città
dei poeti dei pittori
io non saprò mai dire
nulla che già gli altri
abbiano detto
eppure provo
mi dibatto
tra le tue reti
voglio estrarre
i succhi
da te instillati
minuto per minuto
in lente inezioni
dolorose
in punture che
lasciarono il segno
Città che porto
impressa
come un marchio
a fuoco
Venezia patria
d'acqua e di vento
invocata
nell'attimo estremo
da chi amavo
e vidi morire
lontano da te
Ti cerco ancora
sotto il suo nome
e cognome
nell'isola
silenziosa
di San Michele

Stadt der Wunder

Stadt der Wunder
der Dichter der Maler
ich weiß nicht mehr zu sagen
als andere schon
gesagt haben
und doch versuche ich es
schlage um mich
zwischen deinen Netzen
herauspressen will ich
die Säfte
die du eingeträufelt hast
Minute für Minute
in langsamen, schmerzhaften
Injektionen
mit Spritzen, die
eine Spur hinterließen
Stadt ich trage Dich
eingebrannt
wie ein Feuer-
zeichen
Venedig Vaterland
aus Wasser und Wind
angerufen
im letzten Augenblick
von dem aus ich liebte
und sterben sah
fern von Dir
Dich suche ich noch
unter seinem Namen
und Vornamen
auf der schweigsamen
Insel
San Michele

dove i fiori appassiscono
e i passi diventano
leggeri
Quanti amici laggiù
ai quali parlare
io che mi trascino
vilmente
viva
schifosamente
viva ...

(Milena Milani)

La gondola che scivola

La gondola che scivola in un forte
bagliore di catrame e di papaveri,
la subdola canzone che s'alzava
da masse di cordame, l'alte porte
rinchiuse su di te e risa di maschere
che fuggivano a frotte –

una sera tra mille e la mia notte
è più profonda! S'agita laggiù
uno smorto groviglio che m'avviva
a stratti e mi fa eguale a quell'assorto
pescatore d'anguille dalla riva.

(Eugenio Montale)

auf der die Blumen verwelken
und die Schritte werden
leicht
Wieviele Freunde liegen darauf
zu denen ich sprechen könnte
ich schleppe mich
feige
lebendig
ekelhaft
lebendig …

(Willi Jung)

Die Gondel, die in einem grellen Leuchten

Die Gondel, die in einem grellen Leuchten
von Teer und Mohn geleitet,
das hinterhältige Lied, steigend
aus Massen von Seilwerk, die hohen Türen,
hinter dir zugeschlagen und Gelächter von Masken,
in Scharen flüchtend –

ein Abend unter tausenden und tiefer
wird meine Nacht! Dort unten regt sich
ein bleiches Gewirr, das mich ruckartig
belebt und gleich macht
dem selbstvergessenen, Aale aufspürenden Fischer
am Ufer.

(Gio Batta Bucciol / Georg Dörr)

Prosa veneziana

Dalle finestre si vedevano dattilografe.
Sotto, il vicolo, tanfo di scampi fritti,
qualche zaffata di nausea dal canale.
Bell'affare a Venezia
affacciarsi su quel paesaggio e lei
venuta da lontano. Lei che amava solo
Gesualdo Bach e Mozart e io l'orrido
repertorio operistico con qualche preferenza
per il peggiore. Poi a complicare le cose
l'orologio che segna le cinque e sono le quattro,
l'uscita intempestiva, San Marco, il Florian deserto,
la riva dei Schiavoni, la trattoria Paganelli
raccomandata da qualche avaro pittore toscano,
due camere neppure comunicanti e il giorno
dopo vederti tirar dritta senza
degnare di un occhiata il mio Ranzoni.
Mi domandavo chi fosse nell'astrazione,
io lei o tutti e due, ma seguendo un binario
non parallelo, anzi inverso. E dire che avevamo
inventato mirabili fantasmi sulle rampe
che portano dall'Oltrarno al grande piazzale.
Ma ora lì tra piccioni,
fotografi ambulanti sotto un caldo bestiale,
col peso del catalogo della biennale
mai consultato e non facile da sbarazzarsene.
Torniamo col battello scavalcando becchime,
comprando keepsakes cartoline e occhiali scuri sulle bancarelle.
Era, mi pare, il '34, troppo giovani o troppo strani
per una città che domanda turisti e amanti anziani.

(Eugenio Montale)

Venezianische Prosa

Von den Fenstern aus sah man Tippfräuleins.
Darunter, die Gasse, Gestank frittierter Scampi,
ekelerregende Dunstwolken aus dem Kanal.
Eine schöne Bescherung in Venedig
auf jene Landschaft zu blicken und dann sie
gekommen von fern. Sie, die nur
Gesualdo, Bach und Mozart mochte und ich das grauenhafte
Opernrepertoire mit einer gewissen Vorliebe
für das schlechtere. Dann, was die Dinge verkompliziert,
die Uhr, die fünf anzeigt und es ist aber vier,
der unpassende Weggang, San Marco, das verlassene Florian,
die Riva dei Schiavoni, die Trattoria Paganelli
empfohlen von irgendeinem geizigen Maler aus der Toskana,
zwei Zimmer nicht einmal mit Verbindungstür und am Tag
darauf Dich ziehen zu sehen geradeaus, ohne
meinen Ranzoni auch nur eines Blickes zu würdigen.
Ich fragte mich, wer in Abstraktionen verloren war,
ich, sie oder alle beide, aber wir folgten
keinem parallelen, vielmehr gegenläufigen
Gleis. Und bedenkt man, daß wir
wunderbare Trugbilder auf den Rampen erfunden hatten,
die vom Oltrarno zum großen Piazzale führen.
Aber jetzt dort zwischen Tauben,
fliegenden Photographen bei einer tierischen Hitze,
unter der Last des Katalogs der Biennale
den man nie aufgeschlagen und dessen man sich nicht leicht entledigen kann.
Wir kehren mit dem Boot zurück und stolpern über das Taubenfutter
kaufen Erinnerungen, Karten und Sonnenbrillen an den Verkaufsständen.
Es war, schien mir, im Jahre 1934, zu jung oder zu eigenartig
für eine Stadt, die nach Touristen und betagten Liebespaaren verlangt.

(Willi Jung)

Venezia

Arrivavo a Venezia in nere notti
da scoppi dilaniate e da bagliori
durante quel naufragio assurdo e cieco
che fu la nostra guerra.

In Terraferma
c'era la vita, sí, ma anche la morte;
ponti crollati, treni in fiamme (rotti
giocattoli che bimbi a strani orrori
intenti con perfidia esatta avessero
strappati dalle mani d'altri bimbi)
e macerie, e un franare senza fine
di tutto, e sangue.

Superato il ponte
sulla Laguna, quale mondo antico
e mio di sempre, quale caro mondo
intatto mi accoglieva, arguto e amico!

In una latteria, nella mattina
cruda che respirando si lasciava
nell'aria il fiato come nebbiolina
o caligo, ecco entrava un marinaio.
Chiedeva un caffelatte, lo beveva
lento e tranquillo, ed accendea la pipa,
discorreva di tutto e non di guerra,
come se il mondo fosse quel di prima.
Usciva nella calle, se ne andava
e non guardava il cielo né ascoltava
se l'aria lacerassero sirene
d'allarme.

Venedig

Ich kam an in Venedig in schwarzen Nächten
die zerrissen waren von Explosionen und Leuchten
während jenes absurden und blinden Schiffbruchs
der unser Krieg war.

  Auf dem Festland
war das Leben, ja, aber auch der Tod;
eingestürzte Brücken, in Flammen stehende Züge (zerbrochene
Spielzeuge, die Kinder – mit seltsamen Greueln
beschäftigt – boshaft und genau
den Händen anderer Kinder entrissen hätten)
und Trümmer, und ein endloses Einstürzen
von allem, und Blut.
  Hinter der Brücke
über die Lagune, jene alte Welt
und meine seit immer, jene liebenswerte Welt
unversehrt empfing sie mich, witzig und freundschaftlich!

In einem Milchgeschäft, an einem rauhen Morgen
an dem beim Einatmen in der Luft ein Atem wie ein kleiner Nebel
oder Dunst zurückblieb, trat ein Matrose ein.
Er bestellte einen Milchkaffee, trank ihn
langsam und ruhig, und zündete die Pfeife an,
er plauderte über alles und nicht über Krieg,
als wäre die Welt jene von zuvor.
Er ging hinaus auf die Straße, ging davon
und schaute nicht auf den Himmel noch hörte er,
ob Alarmsirenen die Luft zerfetzten.

Era qualcuno di domani
proprio perché rimasto uomo di ieri.
Stupefatto e ammirato l'osservavo
da un angolo, tenuto dall'angoscia
di chi ha l'incubo ormai, tra i suoi pensieri,
del sangue e del franare senza fine.

Erano cose semplici, un'inezia
forse per l'occhio d'altri. A me la vita
sembrò di ritrovare. Era Venezia,
fragile, iridescente, quasi a un soffio
lei nata come un vetro di Murano,
che la bellezza sua tolse alla morte
dall'una oppur dall'altra avversa mano.

(Pier Antonio Quarantotti Gambini)

Er war einer von morgen
gerade weil er ein Mann von gestern geblieben.
Erstaunt und verwundert beobachtete ich ihn
aus einem Winkel, gepackt von der Angst
dessen, den, in seinen Gedanken, nunmehr ein Alptraum
aus Blut und endlosem Einstürzen verfolgt.

Es waren einfache Dinge, eine Kleinigkeit
vielleicht für das Auge anderer. Mir schien,
daß ich das Leben wieder fand. Es war Venedig,
zerbrechlich, schillernd, fast wie ein Hauch
war es geboren wie ein Glas aus Murano,
das seine Schönheit dem Tod entriß
aus der einen oder der anderen feindlichen Hand.

(Willi Jung)

Le barche che nel rio

Le barche che nel rio qui sotto passano
aprono un varco all'infinito in cuore.

Gli sciabordii contro la casa, il tonfo
di un remo, qualche voce, un altro tonfo,
mi destano al mattino.

    Verso sera
le stesse barche tornano, col canto
talora di un monello, e lo sciacquío
intermittente e lento contro i muri.

Questa è Venezia, dove vivo.

    Anch'io
son sull'acqua nel vento: sono al remo
d'ogni barca che passa; io che una barca
conduco, non veduta, in alto mare.

(Pier Antonio Quarantotti Gambini)

Die Boote, die auf dem Kanal

Die Boote, die hier unten auf dem Kanal vorüberfahren,
bahnen der Unendlichkeit im Herzen einen Weg.

Der Wellenschlag gegen das Haus, der dumpfe Schlag
eines Ruders, eine Stimme, ein anderer dumpfer Schlag
wecken mich des Morgens.

Gegen Abend
kehren dieselben Boote zurück, zuweilen mit dem Gesang
eines Schelms, und das wechselnde
und langsame Schwappen gegen die Mauern.

Das ist Venedig, wo ich lebe.

Auch ich
bin auf dem Wasser im Wind: ich bin am Ruder
jedes vorüberziehenden Bootes; ich, der ich ein Boot
führe, ein unsichtbares, auf die hohe See.

(Willi Jung)

L'acqua alta

Tremolerà San Marco ad ogni rèfolo,
capovolta specchiandosi nell'acqua,
i cavai di Bisanzio marceranno
spavaldi con le zampe per insù,
il campanile ondeggerà – bisato
immenso – con la cuspide all'ingiù,
e accoglieranno il volo dei colombi
due cieli, l'uno sotto e l'altro su.

Sia torre che basilica avran nuvole
ai piedi ed acqua in cima, e tra la nuvole
e l'acqua – mare e cielo sul salizo –
la gente affollerà le passerelle,
stupita di veder sotto le scarpe
i vanti di Venezia e il proprio viso.

Gondole e fuoribordo andran su e giù
per il Listòn: sull'acqua, in terra o in cielo?

Sommerga piazza e calli solo un velo
di mare, e non si sa dove si è più.

Questa è Venezia quando l'Adriatico
la sposa, a ridonarle gioventù,
memore forse dell'anello d'oro
che il Doge gli gettò dal Bucintoro.

1° marzo 1965

(Pier Antonio Quarantotti Gambini)

Hochwasser

San Marco wird bei jeder Böe beben,
beim Blick auf sein Spiegelbild im Wasser,
die Pferde von Byzanz werden rennen
stolz mit den Beinen nach oben,
der Campanile wird wanken – riesiger
Aal? – mit der Spitze nach unten,
und den Flug der Tauben werden zwei
Himmel aufnehmen, der eine unten und der andere oben.

Ob Turm oder Basilika sie werden Wolken haben
an den Füßen und Wasser auf der Spitze, und zwischen den Wolken
und dem Wasser – Meer und Himmel auf dem Pflasterstein –
die Leute werden auf die Laufstege drängen
und mit Verwunderung unter den Schuhen
den Ruhm Venedigs und das eigene Gesicht sehen.

Gondeln und Außenbordmotoren werden hinauf- und hinunterfah-
    ren
zum Listòn: auf dem Wasser, auf dem Lande oder in der Luft?

Piazza und Straßen überflutet nur ein
Meeresschleier, und man weiß nicht mehr, wo man ist.

Diese Stadt ist Venedig, wenn die Adria sich
mit ihr vermählt, um ihr die Jugend zurückzugeben,
vielleicht eingedenk jenes Goldrings,
den der Doge aus dem Bucintoro ihr zuwarf.

1. März 1965

(Willi Jung)

Venezia

Acquamarina cèrula
berillo verde azzurrognolo
crisòlito di color verde
con qualche ombra di giallo
spinello rosso e roseo
malachite lapislazzuli diaspro sanguigno
cornalina giacinto occhio di gatto
eliotropio diamante corallo
opale iridescente
calcedonio appena rosso
balascio rosso carico
onice negra screziata di opalino
corindone sardonica crisopazio
granato molto lucente
ametista topazio smeraldo rubino
turchina zaffiro
e sotto cupole d'oro massiccio
tra festoni di perle
oro oro oro oro ...

(Aldo Palazzeschi)

Venedig

Himmelblauer Aquamarin
grün-bläulicher Beryll
Chrysolith in grüner Farbe
mit einem leichten Gelbschatten
roter und rosafarbener Spinell
Malachit Lapislazuli blutroter Jaspis
Karneol Hyazinth Katzenauge
Heliotrop Diamant Koralle
schillernder Opal
ein wenig rötlicher Chalzedon
grell roter Ballasrubin
schwarzer Onyx gesprenkelt opalfarbig
Korund sardonisch Chrysopras
stark leuchtender Granat
Amethyst Topas Smaragd Rubin
Türkis Saphir
und unter den Kuppeln aus massivem Gold
zwischen Perlengirlanden
Gold Gold Gold Gold …

(Willi Jung)

Santa Maria della Salute

Acqua.
Voltepilastricolonnearcate
sorgono in circolo
dallo specchio di un Canale
per sostenere Angeli e Santi
fiori d'acqua
lanciati verso il cielo
per un paradisiaco baccanale.
Ruote
che girando vorticosamente
ne alimentano il volo
con la luce che cambia
sull'istante
sotto il tendaggio delle nubi gonfie:
acquaperlaacquarosacquaverdacquablu …
La porpora dogale
il capo mi bagna
religiosamente nell'entrare
mentre l'occhio discopre
la rotondità
di un lago d'argento
che paralizza il piede.
Celato in mezzo
nello scrigno d'oro
è il Mistero
che rapisce il cuore:
fuoco.

(Aldo Palazzeschi)

Santa Maria della Salute

Wasser.
GewölbePilasterSäulenArkaden
ragen kreisförmig empor
aus dem Spiegelbild eines Kanals
um Engel und Heilige zu stützen
Wasserblüten
geschleudert gen Himmel
eines paradiesischen Bacchanals wegen.
Räder
die durch eine wirbelartige Drehung
ihren Flug befördern,
mit dem augenblicklich
wechselnden Licht
unter dem Vorhang aufgeblasener Wolken:
WasserPerleWasserRoseGrünesWasserBlauesWasser ...
Der Dogenpurpur
taucht mir religiös
mein Haupt beim Betreten ein
während das Auge
die Rundheit entdeckt
eines Sees aus Silber
der den Fuß lähmt.
Verborgen in der Mitte
im goldenen Schrein
ist das Mysterium
welches raubt das Herz:
Feuer.

(Willi Jung)

I Marinai

Che è successo?
Che succede?
In Piazza San Marco
son cadute dal cielo
tutte le stelle!
Macché!
Son venute dal mare
e si sono posate
sopra le alette azzurre
degl'uomini blu
uomini
per cui hanno un nome
ed il cuore le stelle.
Stanchi di cielo
stanchi di mare
stanchi di purezza
tutto stanca quaggiù
hanno vagato
senza mira
senza mèta
senza posa
hanno frugato
fino alla sazietà
fino alla noia
fino alla nausea
cercando avidamente
un pur fallace
e torbido amore
tanto avido fu lo sguardo
non appena all'orizzonte
la terra apparve
verde e rosa nel sole
e voltando le spalle al mare

Die Seemänner

Was ist passiert?
Was ist los?
Auf dem Markusplatz
sind alle Sterne
vom Himmel gefallen!
Ach was!
Sie sind vom Meer gekommen
und haben sich gesetzt
auf die kleinen blauen Flügel
der blauen Männer
Männer
für die die Sterne
einen Namen und ein Herz haben.
Des Himmels müde
des Meeres müde
der Reinheit müde
alles macht hier müde
sie sind umhergeschweift
ohne Zielrichtung
ziellos
unaufhörlich
herumgewühlt haben sie
bis zum Überdruß
bis es langweilig wurde
bis zum Erbrechen
gierig auf der Suche
wenn auch nur nach einer trügerischen
und wirren Liebe
so gierig war der Blick
kaum erschien am Horizont
die Erde
grün und rosafarben in der Sonne
und den Rücken zum Meer gewandt

parvero in un abbraccio
volerla tutta possedere.

Permeati d'azzurro
non v'è sozzura
che vi possa toccare
e qualunque cosa
che sulla terra si fa
e che faceste
non lasciò ombra nel cuore
né traccia
nelle vostre anime.
Ma non appena sazi
delle gioie terrene
avvertendo nel petto
il respiro greve
con altrettanta avidità
rivolaste
alla vostra superficie
che si muove sotto il piede.
E tanta è la purezza che vi attende
da sentirvi di vivere
nel cuore di un diamante.
Né vi assalgono
paura né rancore
durante le tempeste
che avvicinandovi a Dio
vi fanno dimenticare
il peso
dell'umano travaglio
e il senso
dell'affannoso vivere.

Poco posto
è dato agl'uomini sul mare:
una cuccia e una corda.
Come gli uccelli

schien es als wollten sie
in einer Umarmung sie ganz besitzen.

Durchdrungen vom Azur
es gibt keinen Schmutz
der euch berühren könnte
und was auch immer
auf der Erde geschieht
und was ihr tatet
es hinterließ keinen Schatten im Herzen
noch eine Spur
in eurer Seele.
Sobald aber satt
von den irdischen Freuden
in der Brust
den schweren Atem spürend
mit ebenso großer Gier
flogt ihr
zu eurer Meeresfläche zurück
die sich unter dem Fuß bewegt.
Und so groß ist die Reinheit die euch erwartet
euer Leben zu spüren
im Herzen eines Diamanten.
Weder überkommt euch
die Angst noch der Groll
während der Unwetter
die euch Gott nahe bringen
euch vergessen lassen
die Last
menschlicher Qual
und der Sinn
für qualvolles Leben.

Wenig Platz
gegeben ist den Männern auf dem Meer:
ein hartes Bettlager und ein Tau.
Wie die Vögel

sopra una corda
siete capaci di dormire:
vi culla il mare
e il cielo vi sorride
fra mare e cielo
vi accarezza il vento.

Si segue sulla nave
un lieve dondolio di ninnananna
ma non è quello della mamma
perché il bambino
dorme
nelle braccia del mare.

(Aldo Palazzeschi)

La veneta piazzetta

La veneta piazzetta
antica e mesta, accoglie
odor di mare. E voli
di colombi. Ma resta
nella memoria – e incanta
di sé la luce – il volo
del giovane ciclista
vòlto all'amico: un soffio
melodico: „Vai solo?"

(Sandro Penna)

auf einem Seil
zu schlafen seid ihr fähig:
euch wiegt das Meer
und der Himmel lächelt euch zu
zwischen Meer und Himmel
streichelt euch der Wind.

Auf dem Schiff folgt
ein leichtes Wiegenlied-Geschaukel
aber es ist nicht das der Mama
weil das Kind
schläft
in den Armen des Meeres.

(Willi Jung)

Die Piazzetta

Die Piazzetta,
alt und melancholisch, nimmt
Meeresduft auf. Und
Taubenflüge. Aber es bleibt
in der Erinnerung
– und verzaubert
um sich das Licht – der Flug
des jungen Radfahrers,
zum Freunde hin gewandt: ein melodischer
Hauch: „Allein unterwegs?"

(Willi Jung)

Notte veneziana

Casa taciturna nella luna
quasi una torre all'angolo
con le pareti sfuggenti ai lati
e finestre diverse sovrapposte.
Una aperta alla notte.
È forse lo stanzino di un poeta.
Nessun'ombra si muove.
Basta un tavolinuccio ed una penna
d'oca temprata
se il genio alita profondo
e le tenere primavere.
Curvo, negletto, povero
un abatino o un cicisbéo
– Son io di un giorno –
Voci indistinte in fondo alla calle
al traghetto di San Tomà;
un ponticello di legno si sfà.
A davanzali centenari
sorride timida la grazia.

(Filippo De Pisis)

154

Venezianische Nacht

Schweigsames Haus im Mond
gleichsam ein Turm an der Ecke
mit zu den Seiten fliehenden Wänden
und verschiedenen übereinander angeordneten Fenstern.
Eines offen zur Nacht.
Es ist vielleicht das kleine Zimmer eines Dichters.
Kein Schatten bewegt sich.
Es genügt ein kleiner Tisch und ein
spitzer Gänsekiel,
wenn das Genie tief atmet,
und die zarten Frühlinge.
Gekrümmt, vernachlässigt, arm
ein kleiner Abt oder ein Galan
– ich bin es für einen Tag –
Verschwommene Stimmen am Ende der Straße
am Fährboot von San Tomà;
eine kleine Holzbrücke bricht auseinander.
Von den hundertjährigen Fensterbrettern
lächelt die schüchterne Grazie.

(Willi Jung)

Giardino secreto

… Nella notte di scirocco
stordito febbricitante
come fuori dal mondo
poi corro a rifugiarmi
nel segreto giardino veneziano
di là dal portone verde,
l'apro con la chiave di S. Pietro
respiro un po' di pace
e mi curvo
m'assorbo, mi impietro quasi
davanti alla pianta superba.
Tutte le foglie cadono e muoiono.
Vergognati in quanto
c'eran altri che fuori
si son aperti stanotte.
Tremano appena
in un brivido sottile
i petali carnosi.

(Filippo De Pisis)

Geheimer Garten

... In der Schirokkonacht
fieberkrank benommen
wie außerhalb der Welt
laufe ich dann Zuflucht suchend
zum geheimen venezianischen Garten
jenseits des grünen Portals
öffne es mit dem Schlüssel des hl. Petrus
atme ein wenig Frieden
und beuge mich
konzentriere mich, erstarre beinahe
vor der prächtigen Pflanze.
Alle Blätter fallen ab und sterben.
Schäm dich, denn draußen
haben sich andere
diese Nacht geöffnet.
Sie zittern nur
mit einem leichten Schaudern
die fleischigen Blütenblätter.

(Willi Jung)

Venezia

Venezia non so se più gioia di un'attesa
o forse corpo di un amante di cui esploro ogni parte
il tempo è fra noi come un grido un amplesso che si perde
a poco a poco nell'eco
di un frivolo momento di uno sguardo che dice e non dice
che questa città vive e muore di se stessa eternamente.

(Mario Stefani)

Il resto è silenzio

Improvviso il batter d'ali del gabbiano
nella laguna brumosa
nel Canal Grande
passa il vento increspando
capricciosamente l'onda
voci del mercato affollano l'aria
"oè" grida il gondoliere assonnato
portando alla riva la barca
e par che dica con i gesti alla gente
che il resto è silenzio.

(Mario Stefani)

Venedig

Venedig ich weiß nicht ob es mehr die Freude einer Erwartung ist
oder vielleicht der Körper einer Geliebten, von dem ich jeden Teil
  erkunde
die Zeit liegt zwischen uns wie ein Schrei eine Umarmung die sich
  verliert
nach und nach im Echo
eines frivolen Moments eines Blickes der sagt und nicht sagt
daß diese Stadt lebt und stirbt an sich selbst ewiglich.

(Willi Jung)

Der Rest ist Schweigen

Unerwartet das Flügelschlagen der Möwe
in der nebeligen Lagune
im Canal Grande
streift kräuselnd der Wind
launisch die Welle
Stimmen vom Markt bedrängen die Luft
„Ohe" schreit der schläfrige Gondoliere
und fährt das Boot zum Ufer
und es scheint als sage er gestikulierend zu den Leuten
der Rest sei Schweigen.

(Willi Jung)

Venezia, luogo di possibilità

Un'augurata e probabile, una qualsiasi ripresa di Venezia nell'ambito italiano, europeo, internazionale, avverrà soltanto se potrà situarsi, in una società veramente rinnovata, più in là dei progetti finora congetturabili. Ed è giusto che si riconosca una specie di assoluta, cosmica extraterritorialità a Venezia. L'internazionalismo, che l'ha cullata e quasi addormentata in un certo ruolo, continui comunque a gravitarle, alquanto affannato, intorno: con un certo senso di colpa, ma in primo luogo col riconoscimento del fatto che tutti i popoli devono qualcosa a questo fantasma puro, dell'intersezione, dell'intercolloquio di genti tempi e spazi, entrato nella realtà storica molto più per il prestigio dell'intelligenza, della cultura, della saggezza, che per il furore dell'aggressione. In ogni caso converrà ancora confidare nel brulichio dei piccoli atti, che furono prima di pescatori, poi di mercanti, poi di "gran signori" e di popolo in contrasto/simbiosi, un popolo complice e smaliziato critico di un'aristocrazia per altro irriducibile agli schemi cui questo termine richiama, e sempre dotata di un punto di nonconformistica pazzia. Anche oggi i piccoli gesti, nonostante tutto, somigliano un po' a quelli di ieri: la gente, il popolo, la sua creatività sono duri ad andarsene, sono, ancora oggi, in attesa, sempre più cosciente, di un "via" per l'azione, sono un'orchestra o una compagnia di attori che ha molti vuoti ma che sarebbe sempre in grado di stupirci con un impromptu. Bisogna dunque dare confidenza anche ai colori delle bancarelle e botteghe, degli erbaggi freschi, da mangiare, e dei frutti-fiori; incontrare un sorriso o uno smarrimento, una rievocazione tra appassionata e ironica di sfolgoranti riti di età andate, di leggendari, persi carnevali, puntigliosi a rigiocarsi anche se sono semisommersi dall'acqua alta; cogliere maschere umane che pretendono di essere ascoltate con la stessa eterna domanda con la quale un riverbo o

Venedig, Ort der Möglichkeiten

Verheißend und wahrscheinlich, einen Aufschwung Venedigs im italienischen, europäischen, internationalen Rahmen wird es nur geben, wenn es sich in einer wirklich erneuerten Gesellschaft jenseits der bisher vermuteten Projekte situiert. Man muß zu Recht eine Art absoluter, kosmischer Extraterritorialität Venedigs anerkennen. Der Internationalismus, der es eingewiegt und quasi in eine gewisse Rolle eingeschläfert hat, kann jedenfalls – wenn auch etwas atemlos – weiterhin die Stadt umkreisen: mit einem gewissen Schuldgefühl, aber in erster Linie unter Anerkennung der Tatsache, daß diesem reinen Trugbild alle Völker etwas verdanken; die Stadt ist Schnittpunkt, erlaubt den Meinungsaustausch zwischen Menschen, Zeiten und Räumen, fand Eingang in die historische Wirklichkeit vielmehr wegen des Ansehens seines Intellekts, seiner Kultur, seiner Weisheit, als wegen irgendeines Expansionsdranges. Man wird auf jeden Fall den unzähligen kleinen Taten Vertrauen schenken müssen, zuerst waren die Venezianer Fischer, dann Händler, dann „große Herren" und standen im Kontrast zum und in Symbiose mit dem Volk, ein kompliziertes und gewitztes Volk, kritisch einer Aristokratie gegenüber, die übrigens nicht auf Muster zurückführbar ist, an die dieser Begriff erinnert, und immer ausgestattet mit einer Portion nonkonformistischen Wahnsinns. Auch heute gleichen die kleinen Gesten, wenn auch nicht alle, ein wenig denen von gestern: die Leute, das Volk, seine Kreativität sind hartnäckig und wollen nicht verschwinden, noch heute warten sie, immer bewußter, auf ein „Los!" zur Tat, sie sind ein Orchester oder eine Schauspieltruppe, die viele freie Plätze hat, aber immer in der Lage wäre, uns mit einem Impromptu zu überraschen. Man muß auch Vertrauen haben in die Farben der Verkaufsstände und der Läden, der frischen Gemüse, zum Essen, und der Obstblüten; einem Lächeln zu begegnen oder

uno spigolo o un arco di ponte o una strettoia segreta di rio dichiarano la loro presenza.

(Andrea Zanzotto)

einem Verlorensein, einer Erinnerung zwischen Leidenschaft und Ironie an großartige Riten vergangener Zeiten, legendärer, verlorengegangener Karnevale, und immer wieder versuchen sie es erneut, auch wenn sie halb im Hochwasser untergegangen sind; menschliche Masken wahrnehmen, die mit derselben ewigen Frage gehört werden wollen, mit der ein Widerschein oder eine Kante oder ein Brückenbogen oder eine verborgene Verengung eines Kanals ihre Gegenwart kundtun.

(Willi Jung)

Kommentare

Dante Alighieri: La divina commedia (Inferno, XXI, 1–21) /
Die Göttliche Komödie (Hölle, XXI, 1–21)

Dante Alighieri (1265–1321) gehört neben Boccaccio und Petrarca
zu den „tre corone" der italienischen Literatur des Mittelalters. Von
Dantes Kindheit und Jugend ist wenig bekannt. Im neunten Lebens-
jahr sah er zum ersten Mal Beatrice, die er in seinen Dichtungen
verherrlichte. Er bekleidete von 1296 an verschiedene Ämter in Florenz und verstrickte sich im Kampf um deren Unabhängigkeit gegen
die Einmischungsversuche des Papstes Bonifatius VIII. in eine er-
folglose Opposition. So wurde er 1302 aus Florenz verbannt, kurz
darauf zum Tode verurteilt und führte seitdem ein Wanderleben.
Die letzten Lebensjahre verbrachte Dante in Ravenna. Sein Hauptwerk ist die in toskanischer Mundart geschriebene *Divina Commedia* (dt. Die Göttliche Komödie, entstanden etwa 1311–21), ein alle-
gorisch-lehrhaftes Gedicht in 100 Gesängen mit 14230 Versen in
Terzinen, das von Dante nur *Commedia* genannt wurde. Das Werk
ist in die drei Hauptteile *Inferno* (Hölle), *Purgatorio* (Läuterungs-
berg) und *Paradiso* (Paradies) gegliedert, es stellt im allegorischen
Sinn des Mittelalters den Weg der sündigen Seele zum Heil dar.
Geleitet wird der Dichter dabei von Vergil, der Verkörperung von
Vernunft, Wissenschaft und Philosophie, den Beatrice, die verklärte
Jugendliebe, jetzt das Symbol der göttlichen Gnade, gesandt hat.
Dieser führt Dante durch die neun Höllenkreise auf den Berg der
Läuterung. Im Paradies übernimmt Beatrice selbst die Führung
durch die neun Himmel bis zur Anschauung der Gottheit. Auf sei-
ner Wanderung spricht Dante mit den Seelen berühmter Verstorbe-
ner über Fragen der Theologie und Philosophie, über die Kirche, den
Staat und Italien. So umfaßt die *Divina Commedia* enzyklopädisch
die geistigen Themen der mittelalterlichen Kultur. Daneben stehen
Dantes kleinere Werke: in italienischer Sprache *La vita nuova* (dt.
Das neue Leben, 1292–95 entstanden), die Darstellung seiner Jugendliebe, Gedichte mit Prosatext, dem Dolce Stil nuovo verbunden;
Le rime, eine Sammlung von Gedichten (spätestens 1305 abge-
schlossen); *Il convivio* (dt. Das Gastmahl, 1306–08 entstanden, un-

vollendet), das erste Beispiel wissenschaftlicher italienischer Prosa. In lateinischer Sprache *De vulgari eloquentia* (dt. Über die Volkssprache, nach 1305 entstanden), eine unvollendete Abhandlung über Ursprung und Wesen der Sprache und der dichterischen Formen; *De monarchia* (dt. Über die Monarchie, 1310–15 entstanden), Dante verficht hier die Selbständigkeit des Reiches gegenüber der Kirche; außerdem *Epistulae* (Briefe) und *Eclogae* (zwei Hirtengedichte, um 1319). Bereits 1373 erhielt Giovanni Boccaccio in Florenz den ersten Lehrstuhl zur Erläuterung der Werke Dantes. Dessen überragende Bedeutung für die europäische Kultur wurde jedoch erst in der Romantik erkannt.

Wie könnte man besser eine Anthologie italienischer Lyrik einleiten als mit einem Auszug aus Dantes *Divina Commedia?* Das Arsenale galt jahrhundertelang als größte Schiffswerft der Welt. Das Wort *arsenale* leitet sich höchstwahrscheinlich von dem arabischen *darsina'a* ab, was soviel wie „Haus des Handwerks" heißt. Wie dieser Begriff nach Venedig kam und wann die erste Werft entstand, bleibt jedoch ein Rätsel. Ein Teil des riesigen Komplexes dürfte bereits 1102 existiert haben, doch noch 1320, als erstmals ein Gebäude an dieser Stelle urkundlich erwähnt wird, entstammt ein Großteil der Schiffe der Republik privaten Werften *(squeri)*. Immerhin war man sich bereits in diesem frühen Stadium der Bedeutung der Flotte für die Republik bewußt, und alle Schiffsbauer mußten bestimmte vom Staat erlassene Konstruktionsvorschriften einhalten. Wahrscheinlich war Dante als Gesandter gegen Ende des ersten Jahrzehnts des 14. Jahrhunderts in Venedig. Unter dem Eindruck des pulsierenden Arbeitslebens in dieser damals größten Werft mag wohl der im Inferno vorgenommene Vergleich entstanden sein. In der Tat profitierten die Venezianer von der schlechten Jahreszeit, um neue Schiffe zu bauen oder ihre alten wieder Instand zu setzen. Mit Pech wurden Schäden an den Schiffen repariert, Taue wurden neu geknotet und Segel wiederhergestellt. Die schier unermeßliche Menge Pech hat Dante offensichtlich so sehr beeindruckt, daß er in diesem XXI. Gesang des Inferno den fünften Höllenkreis, dem die Wanderer in der *Divina Commedia* begegnen, mit Hilfe dieses Vergleichs mit dem Arsenal entwirft.

Francesco Petrarca: Sed animi quam consilii maioris /
Denn stärker war sein Temperament

Der italienische Dichter, Humanist und Philologe Francesco Petrarca (1304–74) wurde als Sohn eines aus Florenz verbannten Notars geboren, er studierte ab 1316 die Rechte in Montpellier und Bologna. 1326 trat er in Avignon in den geistlichen Stand und war anschließend von 1330–47 im Dienst des Kardinals Giovanni Colonna tätig. Nach langen Reisen (ab 1333) lebte er seit 1337 meist auf seinem Landgut bei Avignon. 1341 wurde er in Rom zum Dichter gekrönt. Er begeisterte sich vorübergehend für Cola di Rienzo und dessen Versuch der Wiedererrichtung der römischen Republik und überwarf sich deshalb mit Kardinal Colonna. 1353–61 im Dienst der Visconti in Mailand, reiste er als deren Gesandter u. a. 1356 zu Kaiser Karl IV. nach Prag. 1362–68 lebte er in Venedig, dann in Padua und auf seinem Landgut in Arquà. Petrarca ist der erste bedeutende italienische Humanist. Er arbeitete intensiv an der Erforschung und Herausgabe der antiken Autoren und verfaßte selbst an Cicero orientierte lateinische Werke, u. a. eine umfangreiche Briefliteratur, so die 24 Bücher der *Epistolae familiares* (entstanden 1364, gedruckt 1496, deutsche Auswahl unter dem Titel *Briefe*), den *Brief an die Nachwelt* (entstanden um 1370, gedruckt 1496), das unvollendete Epos *Africa* (begonnen 1338, gedruckt 1496) sowie philosophische und historische Schriften. Bei den Zeitgenossen war vor allem das Trostbüchlein *De remediis utriusque fortunae* (entstanden 1354–66, gedruckt 1468) berühmt. Für die Literaturgeschichte von größter Bedeutung sind seine Gedichte in italienischer Sprache (zusammengefaßt als *Il Canzoniere*, hrsg. 1470). Die Sonette, Kanzonen, Sestinen, Balladen und Madrigale besingen mit höchster formaler Kunst, die sie zu Mustern ihrer Gattung machen, die Liebe zu Laura, für den Dichter das unerreichbare Symbol sittlicher Vollkommenheit, ähnlich auch in der Allegorie *Die Triumphe* (entstanden 1357–75, gedruckt 1470, gleichfalls italienisch). Die Lyrik Petrarcas fand in der Renaissance viele Nachahmer. Der Petrarkismus lehnte sich zwar eng an Formen, Motive und Stilelemente Petrarcas an, förderte aber auch die Dichtung in den Nationalsprachen. Vertreter waren in Frankreich die Dichter der Pléiade, in Deutschland M. Opitz und P. Fleming.

Francesco Petrarca lebte von 1362–1367 an der Riva degli Schiavoni in einem Haus, das ihm die Regierung von Venedig geschenkt hatte. Er hatte versprochen, der Stadt dafür seine Bibliothek zu überlassen, hielt das Versprechen jedoch nicht ein. Bereits 1354 war Petrarca in Venedig. Im August 1353 griffen Niccolò Pisani und Aragon die Genuesen vor Alghero an der Westküste Sardiniens an und fügten ihnen eine schwere Niederlage zu. Alghero wurde spanisch, was heute noch am Stadtbild zu erkennen ist. Genua, innenpolitisch erschüttert durch Fraktionskämpfe, rief den Mailänder Erzbischof Giovanni Visconti ins Haus, was die Aufgabe der eigenen Identität bedeutete. Visconti streckte sofort diplomatische Fühler nach Venedig aus. Auf seine Anweisung reiste Petrarca im Mai 1354 zu Friedensgesprächen an die Adria. Dort schüttelten sie sich die Hände: Petrarca, der in Arezzo geborene Humanist, Dichter, Geistliche und Herold der Renaissance, dessen Geliebte Laura an der Pest gestorben war, und sein Freund und Verehrer, der Doge Andrea Dandolo. Petrarca trat für die Einheit Italiens ein: Dandolo könne zum Ruhme eines neuen Trajan emporsteigen, jenes Kaisers (98–117), unter dem das römische Reich seine größte Ausdehnung gewonnen hatte. Doch in der Lagune zählte primär das Venezianische, erst dann das Italienische (und Christliche). Ohnedies hatte Dandolo sich an die Beschränkungen seines Amtes zu halten und konnte nur als Sprachrohr des Maggior Consiglio dienen. Kurzum: Die Parteien brachten keinen Konsens zustande, und Petrarca reiste unverrichteter Dinge ab.

In seinem Brief rückt Petrarca gerade jenen Aspekt des Dogenamtes in den Vordergrund: der Doge ist Sklave der Republik. Der 55. Doge Marino Falier wurde am Isidortag anno 1355, dem 17. April, im Hof des Dogenpalasts enthauptet. Der Doge hatte an der Spitze einer Intrigantengruppe gestanden. Was er wollte, ist in keiner ernstzunehmenden Überlieferung eindeutig mitgeteilt. Manche gehen von einem geplanten Sturz des großen Rates aus, der durch adelsfeindliche Vertreter der bürgerlichen Mittel- und Oberschicht unter Führung des Dogen Falieri erfolgen sollte. Petrarca, der mit den Lagunenränken vertraut und ein eloquenter Freund des Dogen war, lieferte in seinem Brief eine Woche nach der Hinrichtung keine konkreten Aufschlüsse über die Tragödie. Es scheint, als waren auch dem Dichter – wie den Historikern bis in unsere Zeit – die Beweggründe Faliers nur schemenhaft vertraut. Petrarcas Zeilen stellen wohl ein geschichtliches Dokument dar – das einzig erhaltene über die Vorgänge – und appellieren an das Selbstverständnis künftiger Dogen, sich als „mit Ehren angetane Sklaven der Republik" zu betrachten. Faliers Leichnam wurde im Dogenpalast in der Sala del Piovegio öffentlich ausgestellt, den Kopf zwischen die Beine gelegt.

Schilderungen des Stoffes dienten Donizetti für seine Oper *Marino Faliero* (Drama von Delavigne), dem Schriftsteller E. T. A. Hoffmann für die Novelle *Doge und Dogaressa* als Vorbild. Auch Lord Byron, in Venedig bekannt geworden durch seine Affären mit Mätressen und durch sportliche Aktivitäten als Schwimmer auf dem Canal Grande, sowie dessen Zeitgenosse Charles Swinburne haben die Tragödie mehrfach literarisch bearbeitet.

Giovanni Boccaccio: Decameron (IV,2) / Dekameron (IV,2)

Der italienische Dichter und Humanist Giovanni Boccaccio (1313–1375) war seit 1340 Notar und Richter in Florenz und gilt als enger Freund Francesco Petrarcas. Boccaccio ist Verfasser von *Das Leben Dantes* (um 1360) und erhielt 1373 in Florenz den ersten öffentlichen Lehrstuhl zur Erklärung von Dantes *Divina commedia*. In anmutigen Verserzählungen führte er die Stanze aus der Volksdichtung in die Kunstdichtung ein (*Il Filostrato*, Versepos, um 1338, deutsch unter dem Titel *Troilus und Kressida*; *L'amorosa visione*, allegorisches Gedicht, 1342/43; *Fiammetta*, Versroman, 1343; *Die Nymphe von Fiesole*, Dichtung, um 1345; *Corbaccio*, Satire, 1354/1355). In seinem *Decamerone* (*Zehntagewerk*; entstanden 1348–53, gedruckt 1470), einer Sammlung von 100 sinnenfrohen Novellen mit einer Rahmenhandlung, erreichte die italienische Novellistik des 14. Jahrhunderts einen Höhepunkt. Die Sammlung hat stark auf die italienische Kunstprosa und die europäische Novellenkunst eingewirkt. Darüber hinaus verfaßte Boccaccio auch zahlreiche lateinisch geschriebene gelehrte Sammelwerke.

„In einer berühmten Novelle des *Decamerone* (4,2) erzählt Boccaccio von einem Mann aus Imola, der in seiner Heimatstadt sich durch lasterhaftes Leben und Betrügereien unmöglich machte, so daß er vorzog, sie zu verlassen. Er begab sich nach Venedig, wurde dort Franziskanermönch und sogar Priester, nannte sich Frate Alberto und verstand sich durch augenfällige Bußübungen und fromme Gesten und Predigten so in Szene zu setzen, daß er für einen gottgefälligen und vertrauenswürdigen Menschen galt. Eines Tages nun erzählt er einem seiner Beichtkinder, einer besonders dummen und aufgeblasenen Person, der Frau eines auf Reisen abwesenden Kaufmanns, der Erzengel Gabriel sei in ihre Schönheit verliebt und wünsche sie nachts zu besuchen; er besucht sie selbst als Erzengel Gabriel und vergnügt sich mit ihr. Das geht so eine Weile, nimmt zuletzt aber ein böses Ende" (Erich Auerbach, *Mimesis*). *In flagranti* überrascht, muß er nackt fliehen, durch den Canal Grande schwimmen und findet dann Zuflucht in einem Haus. Man durchschaut sein Spiel, er wird als wilder Mann verkleidet und auf den Markusplatz geführt, ganz nach einem venezianischen Brauch. Auf der Rialto-Brücke läßt man ausrufen, wer den Engel Gabriel sehen wolle, möge zum Markusplatz kommen. Hier wird der Priester erkannt und unter dem Gejohle des Volkes erniedrigt. Seine Mitbrüder können ihn vor dem Schlimmsten bewahren und zurückbringen, er verstirbt elendiglich im Kerker. „Dieser Mensch, der für gut galt und schlecht handelte, ohne daß man es geglaubt hätte, hat es also gewagt, sich zum Engel Gabriel zu machen, ist aus diesem in einen wilden Mann verwandelt worden und hat lange Zeit die verdiente Strafe erlitten und umsonst die begangenen Verbrechen beweint. Gott wolle, daß es allen andern ebenso ergehe"(Boccaccio). In diesem Liebesabenteuer des Scheinheiligen Bruders Alberto zieht Boccaccio zugleich mit einer gewissen Gefälligkeit die leichte Kleidung der unbefangenen venezianischen Gesellschaft ins Lächerliche. Das Travestiemotiv spiegelt eine der Charakteristiken des Lebens in Venedig. In diesem Falle zieht der falsche Engel mit Spott und Schande ab. Die Rialto-Brücke galt in Venedig schon immer als ein Kommunikationszentrum. Wenige Sehenswürdigkeiten sind ähnlich farbenfroh und voller Leben wie die Märkte des Rialto. Die bunte Mischung aus Touristen, Verkäufern und Einheimischen hat sich in den letzten tausend Jahren kaum verändert. In Shakespeares *Der Kauf-*

mann von Venedig sagt Shylock zu Bassiano: „Ich will mit Euch handeln und wandeln, mit Euch stehen und gehen, und was dergleichen mehr ist; aber ich will nicht mit Euch essen, mit Euch trinken noch mit Euch beten. Was gibt es Neues auf dem Rialto?" Erklärt diese Frage nicht schon die Bedeutung der Brücke für die Novelle Boccaccios?

Boccaccios Erzählung ist ausgesprochen venezianisch. Für seine Schwänke hat er aber auch viele andere Schauplätze gewählt, Neapel, Perugia, Palermo, Florenz u. a. Neben den Schauplätzen beschreibt er genauso die Gesellschaftsschichten, Berufe und Stände seiner Zeit anschaulich und genau. Sein *Decamerone* fixiert zum ersten Mal seit der Antike eine bestimmte Höhenlage des Stils, in welcher die Erzählung von wirklichen Vorkommnissen des gegenwärtigen Lebens zu einer gebildeten Unterhaltung werden kann; sie dient nicht mehr als moralisches Exemplum, sie dient auch nicht mehr der anspruchslosen Lachlust des Volkes, sondern der Erheiterung eines Kreises von vornehmen und wohlgebildeten jungen Menschen, Herren und Damen, die sich am sinnlichen Spiel des Lebens ergötzen.

Jacopo Sannazaro: De mirabili urbe Venetiis / Venedig

Jacopo Sannazaro (1456–1530) entstammte altem Adel und erhielt eine gründliche Humanistenausbildung. Treuer Anhänger der aragonesischen Könige von Neapel, Mitglied der Accademia Pontaniana, befreundet u. a. mit den Humanisten Giovanni Pontano und Pietro Bembo, galt Sannazaro als einer der führenden Literaten am kunstsinnigen neapolitanischen Renaissance-Hof und einer der größten italienischen Dichter seiner Zeit. Er schrieb von humanistischem Geist erfüllte lateinische Werke und in italienischer Sprache Lyrik (*Rime*, hrsg. 1530), Fest- und Lustspiele. Aus der griechisch-römischen Tradition erwuchs sein Hauptwerk *Arcadia* (unvollständiger Erstdruck 1502, vollständig 1504), ein (formal ähnlich wie Boccaccios *Ameto*, die erste Hirtendichtung in italienischer Sprache) aus Prosastücken und Gedichten (sog. Eklogen) komponierter autobiographisch-allegorischer Hirtenroman: Diese lyrische Gestaltung eines idyllischen, empfindsam-elegisch gestimmten Hirtenlebens in der pastoralen Ideallandschaft Arkadien wurde zum unübertroffenen Muster für die europäische Schäferdichtung. Sannazaros Werk erschien allein im 16. Jahrhundert in 60 Auflagen in Venedig.

Das hier ausgewählte Epigramm steht in der Tradition der *laus urbis*, des Städtelobs, das in der Italiendichtung der Antike eine lange Tradition nachweisen kann. Vor Rom noch wird Venedig hochgepriesen, und Aretin wird diese Lobpreisung in seinem Gedicht wiederaufgreifen. Mörikes Übersetzung gibt den Preischarakter des Gedichtes wieder, nicht die Linearität, sondern die Gesetze der deutschen Metrik kennzeichnen seine Fassung. Die Epigrammliteratur über Venedig fand in Goethes *Venezianischen Epigrammen* eine prominente Fortsetzung.

Pietro Bembo: *Questa del nostro lito antica sponda* / *Dies uralte Gestade unseres Lido*

Pietro Bembo ist einer der großen italienischen Dichter des Humanismus (1470–1547). Schon während des Studiums der klassischen Sprachen beschäftigte sich der junge Patrizier mit der italienischen Dichtung (besonders Petrarcas und Boccaccios); 1501–02 erschienen seine kommentierten Ausgaben der *Rime* Petrarcas und der *Divina Commedia* Dantes. Es folgten mehrjährige Aufenthalte in den Renaissance-Zentren Ferrara und Urbino. 1513–21 war Bembo Sekretär Leos X. in Rom, dann lebte er in Padua, seit der Bestellung zum Historiographen der Republik 1530 zeitweise in Vendig, nach der Ernennung zum Kardinal 1539 meist in Padua bzw. Rom. Er war Bischof von Gubbio und Bergamo. Bembo, der sich mehrfach porträtieren ließ (man vergleiche z. B. Tizians bekanntestes Bildnis des Kardinals, um 1540), zählte zu seinen Dichterfreunden wegweisende Literaten der Hochrenaissance wie etwa Ariosto, Sannazaro, Baldassare Castiglione. Seine in lateinischer Sprache geschriebenen Schriften sind kaum bekannt, seine Werke in italienischer Sprache dagegen, vor allem die *Rime* (1530) und *Prose della volgar lingua* (1525), haben die Entwicklung der italienischen Dichtung stark beeinflußt und die Grundlage für die grammatische Normierung der Literatursprache geliefert. In seinem Bemühen um sprachliche und stilistische Reinheit erhob er Petrarca zur Norm für die Lyrik und Boccaccio zur Norm für die Prosa. Groß war der Einfluß seiner *Rime* in der Art Petrarcas, die die Entwicklung des sogenannten Petrarkismus nachhaltig prägten. Diese bis ins 18. Jahrhundert anzutreffende Stilrichtung der europäischen Liebeslyrik orientierte sich an Petrarcas Gedankengut und Ausdrucksmitteln, die sie sich je nach herrschendem Geschmack und mit unterschiedlicher Kunstfertigkeit meist vereinfachend zu eigen machte. Die daraus entwickelte Vorliebe für oft nur pseudo-platonisierende Argumente, Pathos des Liebesschmerzes und verspielten Pointenstil bekämpfte der gegenläufige Antipetrarkismus des 16. und 17. Jahrhunderts als heuchlerisch, übertrieben und gekünstelt in zahllosen Satiren und unter einflußreichen Wortführern wie etwa Tizians scharfzüngigem Freund Pietro Aretino.

In seinem Liebesgedicht wählt Bembo statt des venezianischen Wortes *lido* (Sanddüne, die die Lagune vom offenen Meer trennt) die toskanisierte oder latinisierte Form *lito*. Wie der Lido die Wellen von Venedig fernhält, so unterdrückt das lyrische Ich in diesem Gedicht seinen Tränenstrom, der sich um das Herz staut. Das Sonett entspricht mit jeweils zwei Quartetten und zwei Terzetten dem klassischen Kompositionsprinzip seit Petrarca. Die hier zum Ausdruck kommende unerfüllte Liebe zur Herrin erinnert freilich auch an die provenzalische Troubadourlyrik beispielsweise eines Bernart de Ventadorn. Venedig wird in diesem Text lediglich als Ausgangspunkt für die lyrische Beschreibung des Liebesleids gewählt, Venedig und der Lido spiegeln die Seelenlage des Dichters wider, ein Phänomen, dem wir in der modernen italienischen Venedig-Lyrik noch wiederholt begegnen werden.

Pietro Aretino: *In lode di Venezia* / *Zu Ehren Venedigs* *A Tiziano* / *Brief an Tizian*

Die „Geißel der Fürsten", wie ihn Ariosto nannte, wirkt in ihrer Zügellosigkeit, in ihrer lückenhaften Bildung (er war des Lateinischen kaum mächtig) und in ihrer Ablehnung aller humanistischen Gelehrsamkeit wie eine Gegenfigur zu Bembo oder Castiglione oder wie der große Antipode der Renaissanceepoche überhaupt. Neben Zuneigung oder Respekt zog Aretino (1492–1556) immer wieder erbitterte Feindschaften auf sich, darunter die des Niccolò Franco, des Berni und des Doni, die seine Perversionen öffentlich denunzierten. Dagegen hatte er zu Bembo ein distanziertes Verhältnis. Wieder andere schätzten ihn als Künstler und Kritiker, wie etwa Lodovico Dolce, der ihn mit dem Traktat *Dialogo della pittura intitolato l'Aretino* ehrte. Selbst der große Tizian malte Porträts von ihm. Pietro Aretino war ein Vielschreiber, ständig umgetrieben von einem unzähmbaren Verlangen des Wetteiferns, des Polemisierens, des Schmähens, das vor nichts und niemandem Halt machte. Zu seinen Werken gehören gefürchtete Schmähschriften, burleske und satirische Komödien, eine Tragödie (*L'Orazia*, 1546), die *Ragionamenti* (2 Teile, 1533–36; deutsch u. a. als *Kurtisanengespräche*) und sein Briefwechsel (*Lettere*, 6 Bände, 1537–57) mit bedeutenden Zeitgenossen.

Aretin kam am 25. März 1527 nach Venedig in der Absicht, ein paar Monate dort zu bleiben, aber der Schriftsteller blieb schließlich bis zu seinem Tod in dieser Stadt. Wie ein Monarch residierte er in seinem Haus am Canal Grande. Er war ein beredter Schmeichler von Fürsten und Gelehrten, die ihm seinen Müßigang und sein Luxusleben finanzierten.

Sein *In lode di Venezia* enthält emphatische Oktaven und singt ein Loblied auf die Seerepublik, gewiß nicht zuletzt in der Hoffnung, sich auf diese Weise auch Protekteure und Mäzene in Regierungskreisen zu schaffen.

In seinem *Brief an Tizian* vom Mai 1544 beschreibt Aretin einleitend den Blick aus seinem Haus auf den Canal Grande und die dort stattfindende Ruderregatta, um dann anschließend das Wunder der „Malkunst der Natur" zu schildern, das Licht und die Atmosphäre Venedigs mit dem dominierenden „chiaroscuro", dem Helldunkel oder der Schattierung. In der Frage „Ach Tizian, wo sind Sie nun?" ist zugleich ein Aufruf an den Maler Tizian enthalten, das Kunstwerk der Natur festzuhalten und das Wunder solcher Malkunst – gemeint ist jene der Natur – nachzuahmen.

Carlo Goldoni: La bottega del caffè (I,1) / Das Kaffeehaus (I,1)

Der in Venedig 1707 geborene und 1793 in Paris verstorbene italienische Dramatiker Carlo Goldoni wirkte 1748–62 als Theaterdichter in Venedig. Er ersetzte die Commedia dell'Arte durch eine vor allem an Molière geschulte Rokokokomödie mit geschickter psychologischer Motivierung, realistischen Charakterzeichnungen und volkstümlichem Milieu. Seine etwa 150 Stücke umfassen Intrigen- und Rührstücke, Charakterkomödien und Sittenbilder (*Das Kaffeehaus*, 1743; *Der Diener zweier Herren*, 1753; *Die neugierigen Frauen*, 1753; *Mirandolina*, 1753; *Die vier Grobiane*, 1762; *Der Fächer*, Uraufführung 1765, erschienen 1789). 1762 siedelte er nach Paris über, wo er das italienische Theater bis 1764 leitete und mit Erfolg Lustspiele vor allem in französischer Sprache verfasste. Dies überrascht keineswegs, denn im 18. Jahrhundert sprach man in Europa Französisch. Marc Fumaroli von der Académie Française hat dies zuletzt in seinem Band *Quand l'Europe parlait français* (Als Europa Französisch sprach) überzeugend dargestellt. Auch Casanova schrieb Französisch.

Die Prosakomödie *La bottega del caffè* in drei Akten von Carlo Goldoni ist im April 1750 entstanden und wurde in Mantua am 2. Mai 1750 durch die Truppe Medebach uraufgeführt. Ort der Handlung ist ein kleiner Platz in Venedig, an dem ein Spielkasino, eine Herberge und ein Kaffeehaus liegen, das von dem rechtschaffenen Ridolfo geleitet wird, einem ehemaligen Diener, der sich mit Hilfe seines alten Dienstherrn selbständig gemacht hat. Um ihn und seine Kunden dreht sich das Stück: um den jungen Kaufmann Eugenio, den Sohn von Ridolfos früherem Brotherrn, der sein Vermögen verspielt und seine junge Frau Vittoria vernachlässigt; um Flaminio aus Turin, der als Graf Leandro auftritt und dem unerfahrenen Eugenio beim Spiel das Geld abnimmt; um die Tänzerin Lisaura, der der falsche Graf Leandro die Ehe versprochen hat, obgleich er mit Placida verheiratet ist; um den geldgierigen Spielhöllenbesitzer Pandolfo und schließlich um den aufdringlichen, geschwätzigen Don Marzio, einen neapolitanischen Adeligen, der auch vor Verleumdungen nicht zurückschreckt. Das Stück gehört zu den 16 neuen Komödien, die Goldoni dem venezianischen Publikum für die Theatersaison 1750/51 versprochen hatte, u. a. um seine Vorstellung eines „reformierten Theaters" vorzuführen. Wie bei vielen anderen Stücken aus den Jahren der Theaterreform wurden auch hier aufgrund der Veränderungen die soziale und die didaktische Komponente stärker hervorgehoben. Aufschlußreich ist Goldonis Charakterisierung aus der Retrospektive in den Jahrzehnte später verfaßten *Mémoires*. Dort erklärt Goldoni, *La bottega del caffè* sei im bürgerlichen Milieu angesiedelt; wie der Titel besagt, stehe hier „weder eine Geschichte noch eine Leidenschaft oder ein Charakter [im Mittelpunkt des Geschehens], sondern ein Kaffeehaus". Mehrere damalige Lieblingsmotive Goldonis werden im Kaffeehaus ständig thematisiert, z. B. die Spielleidenschaft (die kurz darauf auch den Stoff für *Il giocatore*, Der Spieler, liefert) und das materielle Interesse einzelner Figuren. Ungewöhnlich für den an sich versöhnlichen Goldoni ist der Ausschluß der Negativfigur Don Marzio am Ende des Stückes, die durch den sozialen Druck aus dem „Paradies" Venedig vertrieben wird, „wo alle gut leben, allen Freiheit, Frieden und Vergnügen zuteil wird, wenn sie nur klug, achtsam und ehrenhaft sind".

Die erste Bottega del Caffè wurde 1683 unter den Prokuratien eröffnet. Ein Jahrhundert später gab es allein auf dem Markusplatz schon 24 Kaffeehäuser. Im 18. Jahrhundert erlangten sie eine solche Bedeutung, daß Goldoni in seiner Komödie den Café-Besitzer sagen läßt: „Mein Beruf ist notwendig für den Ruhm unserer Stadt, für die Gesundheit der Leute und für das ehrenhafte Vergnügen derer, die ein wenig Abwechslung brauchen." Die Stadt Venedig hat Goldoni auf dem Campo San Bartolomeo ein Denkmal gesetzt. „Dieser Platz mit dem Denkmal Goldonis hat meine Liebe in Erinnerung, diese Komödien, die doch sehr die Venezianer, so wie sie heute noch sind, erfaßt haben, durchschaut haben. Fast so eine Freudsche Durchleuchtung ihres Ehe- und Familienlebens", schreibt Wolfgang Koeppen in *Ich bin gern in Venedig warum*. Und das trifft ohne Zweifel auch auf die Bottega del caffè zu.

Giacomo Casanova: Ma fuite des plombs de Venise / Meine Flucht aus den Bleikammern von Venedig

Der in Venedig 1725 geborene und auf Schloß Dux in Nordböhmen 1798 verstorbene Giacomo Girolamo Casanova, Chevalier de Seingalt (wie er sich selbst adelte), ist als italienischer Schriftsteller und Abenteurer nicht nur in die Kultur-, sondern auch in die Literaturgeschichte eingegangen. Er führte nach seinem Theologie- und Jurastudium in Padua ein unstetes Wanderleben, bereiste (als Diplomat) ganz Europa und stand in Verbindung mit vielen bedeutenden Persönlichkeiten, z. B. Voltaire und Friedrich d. Gr. 1755 wurde er in Venedig wegen Atheismus eingekerkert, 1756 gelang ihm die Flucht aus den Bleikammern. Ein Auszug aus dieser Episode aus seinen Memoiren ist in dieser Anthologie abgedruckt. Ab 1785 war Casanova Bibliothekar des Grafen Waldstein auf Schloß Dux in Böhmen, wo er ab 1790 seine berühmten Memoiren in französischer Sprache schrieb (erste Ausgabe des Originaltextes: *Histoire de ma vie*, 6 Bände, 1960–62; dt. *Geschichte meines Lebens*). Casanovas Memoiren gehören zu den kulturgeschichtlich bedeutendsten Quellenwerken des 18. Jahrhunderts, da der Autor ein ausgezeichneter Beobachter und Menschenkenner war und ein großes Erzähltalent besaß. Er hinterließ neben einem utopischen Roman (*Eduard und Elisabeth oder Die Reise in das Innere des Erdballs*, 1788), mit dem er Vorläufer von Jules Verne und H. G. Wells wurde, auch historische, mathematische und satirische Schriften. Als legendärer Liebhaber wurde er zur literarischen Gestalt in zahlreichen Werken (u. a. bei H. von Hofmannsthal, A. Schnitzler, C. Sternheim). Das Comité International des Amis de Casanova hat einen Casanova-Führer durch Venedig unter dem Titel *Sui passi di Casanova a Venezia. Guida ai luoghi casanoviani* (Milano, Idealibri 1993) herausgegeben, der es dem interessierten Leser erlaubt, Casanovas Stätten in Venedig aufzusuchen.

In seiner Autobiographie schildert Casanova auf nahezu 4000 Seiten die entscheidenden vier Dezennien (1734–74) seines wechselvollen und ungewöhnlichen Lebens. Etwas resigniert und vereinsamt macht sich Casanova im böhmischen Dux im Alter von 65 Jahren an die Niederschrift seiner Lebensgeschichte, deren kompromißlose

Offenheit für die europäische Literatur ohne Beispiel ist. Der Bericht setzt ein, als das bei der Großmutter aufgewachsene Schauspielerkind mit acht Jahren in eine Schülerpension nach Padua gebracht wird, und er bricht ab, ehe der fast Fünfzigjährige, der 18 Jahre zuvor auf verwegene Weise aus dem Gefängnis der venezianischen Staatsinquisition (den sog. *Bleikammern* unter dem Dach des Dogenpalastes) ausgebrochen war, mit Erlaubnis des Senats in seine Heimatstadt zurückkehrt. Nach dem ursprünglichen Plan sollte die Lebensdarstellung bis 1797 reichen, also bis in die glanzlose Gegenwart des Schreibers, die den ganzen Bericht hindurch immer wieder Anlaß gibt zu schmerzlichen Reflexionen. Dieser labyrinthische Lebenslauf, der kreuz und quer durch das weite Europa der Rokokozeit führt, ist in vieler Hinsicht einzigartig. Casanova bringt es vom lernbegierigen und begabten Schüler zum Lizentiaten und Doktor beider Rechte. Seine Stationen in Venedig sind vielgestaltig: Er ist Paradeoffizier der venezianischen Truppen und bringt es vom Theatergeiger zum Kabbalisten und Protegé einflußreicher Senatoren der Heimatstadt, vom Staatsgefangenen der Republik Venedig zum Geheimagenten der venezianischen Inquisition.

Casanovas Lebensgeschichte ist in kulturhistorischer Hinsicht von einer schier unerschöpflichen Ergiebigkeit. Sie liefert ein Kolossalgemälde des politischen und gesellschaftlichen Lebens des Jahrhunderts, das der Französischen Revolution vorausging. Nicht nur die Republik und Stadt Venedig – gegen Ende ihrer politischen Unabhängigkeit bei langsam verlöschendem Glanz zu einem reinen Lustbarkeits- und Amüsierzentrum werdend – ersteht mit ihrem fast ganzjährigen Karneval, ihren Theatern und ihrer hochangesehenen Prostitution zu lebensvoller Gegenwart. Auch von einer Reihe anderer Städte gibt Casanova treffende Skizzen der jeweiligen Lebensgewohnheiten und Regierungen, nicht zu reden von den kleineren Lokalbildern. Die Beschreibung seiner Flucht aus den Bleikammern Venedigs, die hier abgedruckt ist, enthält nicht nur die Beschreibung seiner Fluchtwege, sondern ist zugleich ein Lob auf die venezianischen Gondolieri.

Casanovas Werk fand trotz aller Verfemtheit immer wieder offene Bewunderer wie Tieck, Heine, Taine, Hofmannsthal, Stefan Zweig, F. G. Jünger. Von Hebbel stammt vielleicht die prägnanteste Würdigung: „Wer noch im 68sten Jahre so schreiben konnte, der durfte so leben".

Giosuè Carducci: *Le nozze del mare* / *Die Hochzeit des Meeres*

Giosuè Carducci (1835–1907) war Professor für italienische Literatur in Bologna und gilt als die beherrschende Gestalt der italienischen Literatur des ausgehenden 19. Jahrhunderts. Er gab seiner Lyrik, die er um neuartige Nachbildungen der metrischen Formen der Antike bereicherte (*Odi barbare*, 1877–89), einen fortschrittsgläubigen, antiklerikalen und nationalen Gehalt. 1906 erhielt er als erster Dichter seines Landes den Nobelpreis für Literatur. Seine Lyrik erlangte im Rahmen der Schulprogramme des in seinen unterentwickelten Regionen und sozialen Schichten nur in Ansätzen alphabetisierten Landes einen geradezu offiziellen Status, nicht zuletzt auch weil der revolutionäre Schwung der frühen Jahre allmählich von einem systemkonformen Liberalismus abgelöst wurde. Aus heutiger Sicht bedarf es einiger Geduld und kritischen Gespürs, um den allgegenwärtigen Barden von ehedem nicht in Bausch und Bogen zu verurteilen. Dabei gilt es vor allem zu bedenken, daß dem Dichter dank seiner rhetorischen Begabung und professionellen Kompetenz in literarischen Dingen ein beachtliches formales Instrumentarium zu Gebote stand und ihn etwa seine kritische Sensibilität dazu befähigte, Hölderlins Bedeutung als Lyriker zu erahnen. Für Benedetto Croce war Carducci der letzte italienische Dichter, der die hehren Ideale des Risorgimento verkörperte.

Carduccis Vorliebe für Sujets der italienischen Geschichte mag ihn gewiß dazu veranlaßt haben, eines der großartigen Schauspiele des alten Venedigs poetisch zu gestalten: die Vermählung Venedigs mit dem Meer. Eine der berühmtesten Zeremonien Venedigs fand jahrhundertelang vor der Küste des Lido statt – das erste Mal am Himmelfahrtstag des Jahres 991 n. Chr., als der Doge Pietro Orseolo II. Segel setzte, um Dalmatia, eines der ersten Herrschaftsgebiete der gerade flügge gewordenen Republik, anzugreifen. In seiner ursprünglichen Form war dieses Ritual vermutlich ein Opfer vor der Schlacht, entwickelte sich jedoch mit der Zeit zu einem Symbol der

Seemacht Venedigs und der besonderen Beziehung zwischen der Lagunenstadt und dem Meer. Von seiner Prunkbarkasse, dem Bucintoro, warf der Doge einen goldenen Ring ins Meer und rief dazu die Worte: „Desponsamus te, mare, in signum veri perpetuique domini" (Wir vermählen uns mit Euch, Meer, im Zeichen unserer wahren und ewigen Herrschaft über Euch). Danach stürzten sich Taucher in die Fluten, um den Ring zu suchen, und wenn es einem gelang, war er „von allen Lasten befreit, denen ein Bewohner der Republik unterworfen war". Der Doge und sein Gefolge nahmen anschließend an einem Gottesdienst in San Nicolò teil und kehrten dann zu weiteren Feierlichkeiten in den Dogenpalast zurück. Carduccis Gedicht enthält zahlreiche Anspielungen auf die großartige Vergangenheit der Seerepublik, ihrer Dogen und Schlachten. Doch in der Gegenwart vollzieht sich dieser Bund nicht mehr, Venedigs Macht ist zerfallen, frohe Feste haben die Vermählung mit dem Meer ersetzt, denen Austria, Österreich, von seiner Hafenstadt Triest aus zuschauen kann. Carduccis Gedicht wurde am 22. Juli 1869 geschrieben und bereits wenige Tage später in *L'Amico del Popolo* publiziert.

Gabriele d'Annunzio: Il fuoco / Das Feuer

Gabriele d'Annunzio (1863–1938) wurde im Ersten Weltkrieg als Flieger verwundet und verhinderte als Freischarführer 1919/20 die Internationalisierung des Hafens Fiume (heute Rijeka). In Lyrik (*Canto novo*, 1882; *Laudi*, 5 Bücher [*Maia*, 1903; *Elettra*, 1904; *Alcyone*, 1904; *Merope*, 1911; *Canti della guerra latina*, 1933]), Roman (*Lust*, 1889; *Der Unschuldige*, 1892; *Triumph des Todes*, 1894; *Feuer*, 1900; *Notturno*, 1921) und Drama (*Die tote Stadt*, 1898; *Francesca da Rimini*, 1902; *La figlia di Iorio*, 1904; *Das Schiff*, 1908; *Das Martyrium des hl. Sebastian*, 1911, in frz. Sprache geschrieben, vertont von C. Debussy) bekannte sich D'Annunzio zu einem heidnischen Sinnen- und Schönheitskult. Er verband überfeinertes Ästhetentum im Sinne der europäischen Dekadenz und schwelgerisches Pathos mit dem Hang zum Barbarischen. Lebensgier und Egozentrik, Eitelkeit und Prunksucht brachten sein virtuoses Werk in Verruf, ebenso seine Nähe zum Faschismus. Für seine Dichtung war seine Beziehung zu Eleonora Duse von Bedeutung.

Die theatralischen Posen von D'Annunzios Übermenschentum werden in dem Roman *Il fuoco,* an dem er seit 1896 arbeitete und der 1900 bei Treves in Mailand erschien, durch Miteinbeziehung des inzwischen in nahezu ganz Europa zelebrierten Wagner-Mythos aufs neue variiert. So möchte der Held Stelio Èffrena auf breite Volksmassen wirken, indem er auf dem Gianicolo in Rom ein mediterranes Bayreuth errichtet, wo Poesie und Tanz in einem Wagners Bestrebungen nacheiferndem Gesamtkunstwerk zusammengefaßt werden sollen. Die Handlung ist in hemmungsloser Offenheit D'Annunzios eigenem Leben nachgebildet und enthüllt bis ins intime Detail seine Liebesbeziehung zu Eleonora Duse. (Daß die Entfremdung der berühmten Liebenden auf diesen Roman zurückgehe, ist indes Legende: vielmehr konnte die Duse nicht verwinden, daß D'Annunzio seine weitgehend auf ihre Darstellungskunst zugeschnittene Tragödie *La città morta* ihrer Rivalin Sarah Bernhardt zur Uraufführung übergab.)

Der Venezianer Stelio Èffrena, ein von den Kunstjüngern gefeierter Dichterkomponist, maßt sich als „Übermensch" das Recht an, die von Moral und Konvention gesteckten Grenzen zu mißachten; seine Devise ist: „in Freuden schöpferisch sein" um der Kunst willen, der „wahren metaphysischen Aktivität unseres Lebens". Die Anwesenheit des von ihm abgöttisch verehrten Richard Wagner in Venedig versetzt Stelio in eine außerordentliche Erregung, in der er sich leidenschaftlich in die um vieles ältere Foscarina verliebt, eine zu Weltruhm aufsteigende Schauspielerin. „Eine schwere Trauer drängte ihn zur letzten Liebe der einsamen, nomadenhaft wandernden Frau, die für ihn in den Falten ihrer Gewänder gesammelt und stumm die Raserei ferner Menschenmassen zu tragen schien, aus deren kompakter Bestialität sie den göttlich blitzenden Schauer der Kunst mit einem leidenschaftlichen Schrei oder mit schmerzender Qual oder mit tödlichem Schweigen hervorgerufen hatte". Das „Feuer" der Leidenschaft ergreift auch die Frau, und sie verzehrt sich in ihm bis zur Selbstaufopferung. Um den ihr überlegenen Künstler nicht an der Erfüllung seiner „Sendung" zu hindern, beschließt sie endlich, dem Zusammensein mit dem Geliebten zu entsagen und ins Ausland zu gehen.

In diesem bekanntesten Roman D'Annunzios, der seinen großen Erfolg vor allem der Sensationsgier verdankte, ist des Dichters immer betont lyrische Sprache oft bis zur Unerträglichkeit exaltiert. Diskussionen um künstlerische Probleme wirken banal und forciert (so ein Gespräch über des Autors eigenes Drama *La città morta*), die faszinierenden Chiffren können vom Nichteingeweihten nur mühsam entschlüsselt werden. Doch in Passagen reinster, melancholischer Poesie beschreibt der Dichter den fahlen spätherbstlichen Zauber der Lagunen und der Stadt Venedig, die als „Serenissima" für ihn der Inbegriff königlicher, nunmehr jedoch dem Untergang preisgegebener Machtentfaltung ist und also der angemessene Hintergrund sowohl für das vitale, ichbesessene Herrenmenschentum Stelios wie für die pathetische Entsagung der Foscarina. Durch seine lyrischen Bekenntnisse gewinnt der Leser einen Einblick in die Entstehung eines Gedichts, *L'Allegoria dell'Autunno*, das D'Annunzio freilich nie publiziert hat. Inspiriert von Tintorettos Gemälde *Die Hochzeit der Ariadne und des Bacchus* und unter dem Eindruck der Ankunft per Schiff in Venedig im September will der Autor in seinem Gedicht Venedig als „meerentstandene Stadt mit den marmornen Armen und den tausend grünen Gürteln" verherrlichen.

Giovanni Bertacchi: *Venezia / Venedig*

Giovanni Bertacchi (1869–1942) stammt aus Chiavenna (Valtellina) aus bescheidenen Verhältnissen und verdankt seinem poetischen Werk einen Lehrstuhl. Insbesondere Dante und Leopardi waren Gegenstände seiner Lehre, ideologisch versuchte er einen schier unmöglichen Bogen zu spannen zwischen Mazzini und Marx. Seine Dichtung spiegelt vor allem die Schwierigkeit der Poesie wider, sich neuen Realitäten zu öffnen. Berühmtheit erlangte er mit seinem *Canzoniere delle Alpi* (1895) und *Il perenne domani* (1929). 1965 erschien sein poetisches Gesamtwerk unter dem Titel *Poesie*. Bertacchi zählt nicht zu den wichtigsten Vertretern der italienischen Lyrik, sein Werk wurde in Deutschland so gut wie nicht rezipiert, in Italien wird er aber durchaus geschätzt. Sein Venedig-Gedicht gehört zu den unveröffentlichten Gedichten des Autors, es ist aber in gewisser

Weise auch aufgrund seiner Kürze für ihn typisch. Feinsinig und musikalisch klingt der Anfang des Gedichtes, in dem Bertacchi die besänftigende Wirkung Venedigs auf den Dichter evoziert, das Schicksal der Wellen beklagt, die lebendig aus dem Meer kommen und an der Schwelle der Palazzi nur noch tote Wellen sind. Er erinnert an die historische Größe Venedigs, deren Zauber die Stadt durchdringt und sie – personifiziert – wie mit ihren Kanälen gegürtet erscheinen läßt. Die Stadt ist für ihn untrennbar mit ihrer Geschichte und damit auch der Geschichte der Menschheit verbunden.

Vincenzo Cardarelli: Settembre a Venezia / September in Venedig
Autunno veneziano / Venezianischer Herbst

Der in Tarquinia (Provinz Viterbo) 1887 geborene und 1959 in Rom verstorbene Vincenzo Cardarelli ist Autor ausgereifter und geradezu klassisch komponierter Prosastücke. Auch wenn er sich sprachlich und stilistisch oft am Stil gesprochener Rede ausrichtet, so ist dennoch der Einfluß des Altmeisters der italienischen Lyrik, Giacomo Leopardi, in seinem Werk unverkennbar. Cardarelli war nicht nur Mitarbeiter bedeutender Zeitschriften wie *Il Marzocco* und *La Voce,* sondern gründete auch selbst 1919 in Rom mit Emilio Cecchi und Riccardo Bacchelli *La Ronda,* die die Verteidigung des Stils als Ideal der Literatur propagierte. Und von diesem Ideal scheint sein ganzes Werk inspiriert, von der Prosa (*Prologhi,* 1916) bis zur Poesie (*Poesie,* 1936), von den sowohl in Vers als auch in Prosa verfaßten Büchern (*Il sole a picco,* 1929) bis zu den Reisebüchern (*Il cielo sulle città,* 1939) und seiner Erinnerungsliteratur (*Favole e memorie,* 1925; *Villa Tarantola,* 1948). Cardarelli war Preisträger des 1947 begründeten und hoch angesehenen „Premio Strega", des jährlich verliehenen italienischen Literaturpreises für Werke der erzählenden Literatur.

In dem vorliegenden Gedicht *Settembre a Venezia* von 1936 zeichnet er das Stimmungsbild eines Herbstabends im September in Venedig. Er schildert die Schönheit der venezianischen Abendstimmung, die ihn einerseits fasziniert, deren Vergänglichkeit ihn aber zugleich mit wehmütiger Traurigkeit erfüllt. Dennoch hofft der Dichter, über die Erinnerung die großen venezianischen Abende, Konkretisierung der Schönheit, in seiner Phantasie noch intensiver zu erleben und dabei das wirkliche Glück zu finden. Daß der Weg zum Glück über die ästhetische Wahrnehmung der Schönheit führt, ist offenkundig die zentrale Aussage in der Schlüsselzeile des Gedichts. Thematisiert der Dichter nicht vor dem Hintergrund der Lagunenstadt die Suche nach dem Glück? Die Stadt selbst erscheint mit ihrem Namen Venezia als steinernes Monument im grau-goldenen Abendnebel. Impressionistisch werden die Goldmosaike der zweigeschossigen Hauptfassade von San Marco beleuchtet, vom letzten Sonnenstrahl wie von einem Pfeil getroffen scheint ein Strohfeuer abzubrennen, bevor sich der Mond hinter den Prokuratien erhebt. Der Übergang vom Licht des Tages zum Dunkel der Nacht, vom Glanz der Sonne und des Goldes zur Herrschaft des Mondes, vollzieht sich hinter der Bühne der Prokuratien. An der nördlichen Längsseite der Piazza San Marco liegt die Procuratie Vecchie, an der Südseite die Procuratie Nuove. Sie wurden ab 1500 bzw. 1583 anstelle älterer Gebäude errichtet und beherbergten die Büros der Prokuratoren, jener Männer, die ursprünglich für die Pflege der Markuskirche, bald aber für die gesamte interne Stadtverwaltung und Exekutive zuständig und dementsprechend mächtig waren. In den Arkadengängen findet man Venedigs prominentestes Café: das bereits 1720 eröffnete Florian, dessen Ruhm Gäste wie Goethe, Proust, Thomas Mann und Mark Twain in alle Welt trugen. Es mag den Leser daher nicht überraschen, wenn San Marco sichtbar zur Chiffre des Glücks für Cardarelli wird.

Glück bedeutet für ihn Erfüllung, Harmonie, Einklang mit dem Kosmos. In der Realität erkennt er das Glück als flüchtig, nicht faßbar; hier gibt es nur Glücks*momente*, nicht wirkliches Glück, da die Schönheit nicht dauerhaft ist. Das Glück als absolutes Phänomen existiert mithin nur im Bereich der Phantasie. Es ist als Ideal der Vorstellung nicht wirklich realisierbar. Der ephemere Charakter der Schönheit, der das vollkommene Glück verhindert, wird dargestellt am Lauf der Zeit und der Jahreszeiten. Das Gedicht kennzeichnet eine positive, wenn auch melancholische Grundstimmung. Cardarelli verzichtet auf das strophische Bauprinzip, die Sprache weist lexikalisch einen mittleren Schwierigkeitsgrad auf und ist der gehobenen Sprachebene zuzuordnen. Auffallend in Cardarellis Gedicht ist der im Kontext der Naturbeschreibung wenig frequente Gebrauch bestimmter Verben (*imbrunare, dardeggiare, discorrere*) und Adjektive (*precoce, effimero, cheto, trepido, ammaliato, lesto*). Durch den Einsatz der Verben in vollständigen Satzgefügen gelingt es dem Dichter eindrucksvoll, seine Aussagen zu dynamisieren.

Die großartige Vergangenheit der Lagunenstadt steht hier in unmittelbarem Konnex mit dem subjektiven Erleben des Dichters, der Widerspiegelung vergangenen Glücks im gegenwärtigen, und sei es auch nur in der dichterischen Imagination. Die Stadt als Folie der Seele, Venedig als Spiegel des Ich, wie oft ist diese Spiegelung zum literarischen Verfahren der Venedig-Literatur schlechthin geworden.

Ähnliches gilt auch für das zweite Herbstgedicht Cardarellis *Autunno veneziano*. Die 44 Verse sind mit nur einer Binnengliederung mit unregelmäßigen Silbenzahlen und ohne Reimbindung ausgestattet. Ein lyrisches Ich bildet die lexikalische Basis der monologischen Gesamtanlage des Textes. Der Leser wird mit einem personifizierten herbstlichen Venedig konfrontiert, dessen „kaltem und feuchtem Atem" das Ich ausgesetzt ist. Entfaltet wird insgesamt die Szenerie einer Septembernacht, die in antiromantischer Ausprägung mit negativen Ingredienzien ausgestattet ist. Die Grundproblematik Venedigs ist das Fehlen der Erde und damit jeglichen Lebens. So verbindet sich das Motiv der Meduse in biologischer Hinsicht dem Element des Wassers, in mythologischer Ausrichtung aber der steinernen Beschaffenheit. Venedig als Erfahrungsraum von Absterben und Tod ist der lyrischen Instanz über alle Sinne zugänglich. Der *Autunno veneziano* selbst reduziert sich auf eine miniaturartige Randerscheinung: ein sich gelb verfärbendes und absterbendes Grasbüschel auf einem Fenstersims. Dabei ist das Motiv der nahezu leblosen Natur – in trister Abgeschiedenheit – letztlich der Lyrik der Crepuscolari entlehnt.

Alfonso Gatto: Settembre a Venezia / September in Venedig
Natale al caffè Florian / Weihnachten im Café Florian
La luce / Das Licht
Mezzanotte a Mestre / Mitternacht in Mestre
Torcello / Torcello
Paesaggio veneziano / Venezianische Landschaft
Chiesa veneziana / Venezianische Kirche

Alfonso Gatto wurde 1909 in Salerno in einer Reeder- und Matrosenfamilie aus Kalabrien geboren. Kurz vor dem Abschluß brach er sein Studium der italienischen Literatur an der Universität Neapel ab, um sich dem Journalismus zu widmen. Er übte verschiedene Berufe aus, um sich seinen Lebensunterhalt zu verdienen (vom Verkäufer in einer Buchhandlung bis zum Internatslehrer). 1933 zog er nach Mailand, schloß sich antifaschistischen Kreisen an und mußte deswegen 1936 ins Gefängnis. 1938 gab er in Florenz mit Pratolini die Zeitschrift *Campo di Marte* heraus. Ab 1943 nahm er an der Widerstandsbewegung teil und trat dann der KPI bei, die er mit Eklat 1951 verließ. Während seiner Mitgliedschaft bei der KPI hat er deren Zeitschrift *Milano Sera* geleitet und in der Redaktion der *Unità* mitgewirkt. Nach 1950 bis zu seinem Tod 1976 durch einen Verkehrsunfall lebte er in Rom als Journalist. Er ist auch als Maler und Prosaschriftsteller bekannt. Aus seinem reichen dichterischen Œuvre sind zu nennen: *Poesie* (1939), *La storia delle vittime. Poesie della resistenza* (1966), *La forza degli occhi* (1967), *Rime di viaggio per la terra dipinta* (1969), *Osteria flegrea* (1970), *Poesie d'amore* (1973), *Desinenze* (1977).

Das Gedicht *Settembre a Venezia* schließt in gewisser Weise an Vincenzo Cardarellis gleichlautendes Gedicht an, unterscheidet sich jedoch wesentlich im lyrischen Duktus, der Bildwelt und dem Fehlen eines lyrischen Ichs. Das Gedicht wirkt wie ein aus sprachlichen Bildern und Metaphern gemaltes impressionistisches Gemälde des herbstlichen Venedigs. Die Witterung scheint Venedig anzukleiden, die Stadt wird bildlich zum Edelstein und zur Stadt aus Daunen, die Bindung Venedigs an Wasser und Meer bleibt allgegenwärtig. Eine solche Aneinanderreihung von Gedanken, Empfindungen, Impressionen läßt erahnen, daß der Dichter zugleich ein Maler ist und pikturale Techniken skriptural umsetzt.

Das weltberühmte Café Florian spielt in dem kurzen Gedicht *Natale al Caffè Florian*, bestehend aus zehn Versen und drei Sätzen, nur im Titel eine Rolle. Der Dichter beschreibt die einzigartige Verbindung von Nebel, Dämpfen und Luft, die rostfarben mit dem Abend verschmelzen. Hinzu kommen akustische Eindrücke, das Zischen des auslaufenden Bootes beim musikalischen Largo-Klang der Glocken, die die durch den Titel geweckte Lesererwartung *Weihnachten im Café Florian* eher enttäuschen. Ein Fensterbrett wird zum unerwarteten Mittelpunkt der venezianischen Weihnachtsstimmung des Gedichts, vielleicht das Fensterbrett des Café Florian, dessen Tristesse im Verfall gründet. Wenn Venedig die Rosen „bräunt", d. h. die Rosen endgültig verblüht sind, ist Weihnachten am Canal Grande. Nicht der Schnee, sondern der Wind leitet mit den gesunkenen Sternen und Rosen das Weihnachtsfest ein. Dann sind die Venezianer unter sich. Die Boote sind verschwunden und der Glockenklang hat sich auf ein feierliches Weihnachtslargo eingestellt. Insgesamt ein kurzes Weihnachtsgedicht, das den Leser vielleicht enttäuscht, weil es eine subjektive Weihnachtsimpression des Dichters wiedergibt, die dem Leser wie die Verfremdung der von ihm ersehnten Idylle erscheint. Wladimir von Hartlieb schrieb über das Café:

„Ich sitze wieder in meinem geliebten Café Florian, d. h. um die Wahrheit zu sagen, in dem Café, das ich für das schönste und reizendste der Welt halte, und zwar auch im Winter, wenn es nicht möglich ist, draußen im Freien zu sitzen …

Das Café Florian wurde im Jahre des Heils 1720 eröffnet. Es führte den Namen „Venezia Trionfante" – aber die Kraft der Dogenrepublik war schon lange gebrochen. Venedig war damals nur noch die liebenswürdigste und lustigste Stadt. Es begann arm zu werden … Niemand nannte das Café nach seinem offiziellen Titel. „Andemo da Florian" (gehen wir zu Florian) sagte man einfach, wenn man sich hier zusammenfinden wollte. Der Begründer, Florian Franceschoni, hat sich mit seinem Einfall ohne viel Kopfzerbrechen unsterblich gemacht. Man weiß, was für Gäste hier verkehrt haben: Ugo Foscolo, Rousseau, Goethe, die Madame de Staël, Lord Byron, Stendhal, Musset. Im Winter, wenn man nur unter Venezianern sitzt, stört nichts die köstlichsten Illusionen".

Das Gedicht *La Luce* ist ein Gedicht über die Fülle des venezianischen Lebens, das zu einer Symbiose aus Farben, Wind und Meer wird. Es ist zugleich ein Gedicht über die Liebe, über die Hoffnung, daß das entflammte Leben in Bäume, Boden, Brot und Frauen übergeht. All das verkörpert zugleich das dem Dichter gegenüberstehende Du, in dessen Vergänglichkeit des „fliehenden Kusses" der Dichter sein eigenes Leben findet. Die Enumerationstechnik sowie der Nominalstil prägen die Textstruktur. Licht, Wind und Meer werden in poetische Bilder umgesetzt, die dem Leser zu dechiffrieren aufgegeben sind.

Das aus fünf Versen bestehende Gedicht *Mezzanotte a Mestre* ist ein Gedicht über den Abschied, den Abschied der Matrosen von den Frauen, in der Ferne und in der Nacht, zugleich aber auch ein Abschied von der Jugend.

Gleich hinter Burano erreicht man jene Insel, die unter romantischen Venedig-Reisenden als Sinnbild der Vergänglichkeit gilt und einem weiteren Gedicht Gattos den Titel gab: Torcello. Torcello ist der Geburtsort Venedigs und wurde im 5. oder 6. Jahrhundert als erstes von Flüchtlingen vom Festland besiedelt. Die Kathedrale, das älteste Bauwerk der gesamten Lagune, wurde zum Mittelpunkt einer florierenden Stadt. Noch lange, nachdem es schon das Rialto gab, blieb sie das Zentrum des venezianischen Handels. Nach der Blütezeit im 12. Jahrhundert führten Malaria und Verschlammung der Kanäle zu Torcellos Untergang. Die Venezianer brachten anschließend zahlreiche Kunstschätze von dort in ihre Stadt. Die Geschichte der Insel mag den melancholischen Grundton des Gedichts erklären, hinzu kommt die individuelle Liebesthematik und die Trauer der Liebenden vor dem Hintergrund der Insel der Toten. Individuelle Vergänglichkeit und Trauer sind hier geschickt mit der Historie Torcellos verknüpft.

Die venezianische Landschaft ist eine Landschaft (*Paesaggio veneziano*) aus Licht und Farben, wenn der Winter kommt, verändert sich ihr Grundton und Schwarz und Weiß stoßen aufeinander gleich dem „Zusammenprall der Finsternis".

Eine venezianische Kirche (*Chiesa veneziana*) ist Geschichte, geworden aus Stein, Wasser und grüner Lagune. Wenn die Wellen an die Türen schlagen, kommt der Winter.

Alfonso Gattos Lyrik findet auf spontane Weise zu einem musikalischen, von Analogien und Bildern geprägten, bisweilen an Surrealistisches anklingenden hermetischen Stil, der dem Dichterwort weite Räume öffnet und zugleich fast schon sakrale Würde verleiht.

Corrado Govoni: *A Venezia elettrica* /
Dem elektrischen Venedig

Corrado Govoni wurde 1884 in Tàmara (Ferrara) in einer reichen Bauernfamilie geboren. Er arbeitete zuerst als Bauer, hatte keine regelmäßige Schulbildung und gilt als Autodidakt. 1903 erschien seine erste Buchveröffentlichung auf eigene Kosten. Er war Mitarbeiter bei den wichtigsten Zeitschriften der Zeit (*La Voce, Poesia, Lacerba, Riviera Ligure*). Nachdem er sein Landgut verkaufen mußte, übte er unterschiedliche Berufe aus. Nach dem Ersten Weltkrieg war er in Rom Leiter der „Società Italiana Autori e Editori" und dann Sekretär des „Sindacato Nazionale Autori e Scrittori". Nach dem Zweiten Weltkrieg war er Angestellter bei einem Ministerium. 1965 starb er in Lido dei Pini (Rom). Govoni ist auch als Erzähler, Essayist und Theaterdichter bekannt geworden. *Poesie scelte* (Ferrara 1918) enthalten eine vom Dichter selbst getroffene Auswahl aus seinen zahlreichen frühen Sammlungen. Die wichtigsten späteren Sammlungen sind *Il quaderno dei sogni e delle stelle* (Milano 1924), *Canzoni a bocca chiusa* (Firenze 1938), *Govonigiotto* (Milano 1943), *Antologia poetica*, a cura di G. Spagnoletti (Firenze 1958) und *Poesie*, a cura di G. Ravegnani (Milano 1961). Sie enthalten eine reiche Auswahl des sehr umfangreichen Gesamtwerks. Posthum erschienen *Govoni-lampi* (Roma 1981).

Das Gedicht *A Venezia elettrica* ist im Umkreis des Crepuscolarismo und Futurismus anzusiedeln. Was die Dichter dieser Strömungen einte, ist ihr gezieltes Sichfernhalten von großen gesellschaftlichen Fragen, die Vorliebe für die kleinen Dinge, ein Prosaismus der Alltäglichkeit, der zur sentimentalen Genreszene, zur hübschen Nichtigkeit oder zum Wortspiel tendiert. Die Wirklichkeitsevokationen scheinen hier und da vergilbten Fotografien ähnlich. So auch in diesem Gedicht. Viele typische Venedig-Bilder werden in geschickter

Weise miteinander verknüpft, so daß insgesamt die Hebammenmetapher für Venedig mit poetischen Bildern gefüllt wird, die den traditionellen Venedig-Klischees widersprechen und eine Art Anti-Venedig entwerfen, das am Ende das realistischere Venedig sein wird.

Antonia Pozzi: *Venezia / Venedig*

Die 1912 in Mailand geborene Dichterin Antonia Pozzi konnte aufgrund ihres frühen Todes im Alter von nur 26 Jahren ihre dichterische Schaffenskraft nicht voll entfalten. Ihr lyrisches Werk erschien posthum 1939 und erntete sofort großen Erfolg. Bereits 1948 erschien die dritte Auflage, für die der berühmte Dichter Eugenio Montale das Vorwort verfaßte. Die hier abgedruckten Verse über Venedig wirken leicht und frisch, sie geben Eindrücke und Empfindungen wieder, die auf einer von Pozzis zahlreichen Reisen durch Italien und das Ausland entstanden sind. Es sind die gleichen Eindrücke, die irgendeine Nachmittagsstunde auf irgendeinem venezianischen Platz heute in uns zurückläßt, und sie sind, um die Worte Montales in seinem Vorwort aufzugreifen, weder leer noch vergänglich.

Diego Valeri: Veneziana / Die Venezianerin
Riva di piena, canale d'oblio ... /
Hochwasserufer, Kanal des Vergessens
Riva / Ufer
Primavera a Venezia / Frühling in Venedig
Ottobre di Venezia / Venedigs Oktober

Diego Valeri ist 1887 in Padua geboren, nach dem Studium unterrichtete er zunächst Italienisch und Latein am Gymnasium. Nach dem Zweiten Weltkrieg – in dieser Zeit hielt er sich zeitweise in der Schweiz auf – übernahm er den Lehrstuhl für französische und später auch italienische Literatur an der Universität Padua. Seine Interessen sind weit gespannt, sie reichen von der Literatur- bis zur Kunstkritik, insbesondere beschäftigte er sich mit der Malerei, von den großen Venezianern bis hin zu den Zeitgenossen. Er hat sich

u. a. als Übersetzer antiker und moderner Literatur einen Namen gemacht, übertrug auch deutsche Werke wie z. B. von Goethe, Hölderlin und Rilke, vor allem aber französische Werke. Eine „instinkthafte" Sympathie für die elementaren Kräfte der Natur und des Lebens kennzeichnen sein Werk, seine Persönlichkeit ist vor allem von einem kontemplativen Grundzug geprägt. Valeri ist vielleicht der größte literarische Liebhaber Venedigs, wenn man es so ausdrücken darf, und dies spiegelt sich auch in seinem gesamten Schaffen. Aus seinem umfangreichen Werk sind zu nennen: *Le gaie tristezze* (1913), *Umana* (1915), *Grisalide* (1919), *Ariele* (1924), *Poesie vecchie e nuove* (1930), *Scherzo e finale* (1937), *Tempo che muore* (1942), *Terzo Tempo* (1950), *Jeux de mots* (1950), *Metamorfosi dell'angolo* (1956), *Il flauto a due canne* (1958), *Poesie 1910–1960* (1967), *Amico dei pittori* (1967) und *Verità di uno* (1970).

Das Gedicht *Veneziana* setzt sich zugleich mit der Realität und Traumwelt einer jungen Venezianerin auseinander: Die Blondine auf dem Balkon ist ein junges Mädchen, dessen goldene Augen etwas Unbekanntes, Fremdes suchen, aber es ist verlassen wie die Stadt in der späten Abenddämmerung.

Bei dem Gedicht *Riva di piena, canale d'oblio ...* handelt es sich um ein venezianisches Herbstgedicht, das die herbstliche Abendstimmung einfängt und in poetische Bilder umsetzt. Kälte, Dunkelheit, Untätigkeit und Abschied charakterisieren die Stadt, deren Herz nach dem Abschied der Schiffe tot zu sein scheint.

Das Gedicht *Riva* ist eine impressionistische Momentaufnahme, die das Glückserlebnis des Betrachters eines venezianischen Sonnenuntergangs festhält. Die Lichtmetaphorik und die poetische Umsetzung von Raum- und Klangvorstellungen verleihen ihm seine außergewöhnliche Wirkung auf den Leser.

Valeris Frühlingsgedicht *Primavera a Venezia* ist kein Frühlingsgedicht im klassischen Sinne, wohl deshalb nicht, weil Venedig nicht der klassische Ort ist, an dem man den Frühling so wahrnimmt, wie er wahrgenommen werden will. Wälder, Wiesen, Auen, Gärten, Pflanzen, Blüten sind rar in Venedig, der Frühling wird daher in diesem Gedicht zur geheimen unterirdischen Kraft, die ans Licht drängt, aber es nicht erreicht. Und so rütteln seine unterirdischen Kräfte an den Fundamenten der Stadt, treiben die Palazzi gen Himmel, und in der ersten Hälfte des Gedichtes entwirft der Dichter den Traum vom Frühling, wie ihn ein versklavter Frühling träumt. Ein Frühling, der keine Blüten treibt, ist wie die Jugend, deren Herz begraben ist. Das begrabene Herz wird zur Metapher des venezianischen Frühlings. Das ist die Botschaft des zweiten Teils des Gedichts. „*Primavera a Venezia* ist das Lied der Jugend, die keine Blüten hat und keine Blüten trägt, der Jugend, die künftig gefangen und beerdigt ist. Valeris Seele/Imagination ist tief eingetaucht, hat sich ausgedehnt, hat sich verbreitet, zwischen den Steinen und den Wassern seiner Stadt, er hat ihre Unruhe und ihre Pein aufgespürt, und jene Angst, jene Spannung, jene Pein hat er selbst wiedererlebt und zu der seinen gemacht, er hat sie besungen, als wären es die seinen"(M. Valgimigli). Die folgenden zwölf Verse beschreiben ausgehend von der Mondsichel die Stadt aus Wasser und Stein im Wartestand, die davon träumt, in ein schwereloses Schiff verwandelt durch die unendliche Leere in einen entfernten Prachtgolf fliegen zu können.

Wie das Septembergedicht Cardarellis ist Valeris Frühlingsgedicht auch eine Projektion des lyrischen Ichs, fast surreal muten jene Stadtbeschreibungen an, in denen die Auswirkungen des versklavten Frühlings gezeigt werden in einer *enumeratio negativa*, einer Negativ-Aufzählung dessen, was der venezianische Frühling nicht vermag. Der naturbewußte Venedigbesucher wird diese Eindrücke nachvollziehen können, dem kunstbeflissenen Venedigfreund wird dieser Aspekt der Stadt vielleicht entgangen sein oder entgehen.

Dem unweit der Lagune in Piove di Sacco geborenen Valeri sind das venezianische Klima ebenso wie die psychologischen Reaktionen auf das Wetter eng vertraut. In den Versen von *Ottobre di Venezia* beschränkt er sich aber nicht darauf, das meteorologische Phänomen und die ursächlichen Reaktionen zu behandeln, er verleiht vielmehr dem irrationalen Unwohlsein eine Stimme, die eine Grunddisposition der venezianischen Seele ist: ein ambivalentes Gefühl von Wollust und Müdigkeit, ein unerwarteter schwindelerregender Augenblick gegenüber den inhumanen Elementen, an die sich Venedig gebunden hat und die es nicht mehr zu domestizieren vermag.

Gualtiero Bertelli: *L'acqua che calarà* /
Das Wasser, das fallen wird

Gualtiero Bertelli stammt aus einer Arbeiterfamilie der Giudecca und ist 1944 dort geboren. Er gehört zu den italienischen *cantautori,* jener Gruppe von Sängern, die ihre Lieder selbst texten, komponieren und vortragen. Auch er hat die Lagunenstadt verlassen und sich auf dem Festland niedergelassen, wo viele Venezianer Brot und Arbeit gefunden haben. Er ist Grundschullehrer und sowohl in der Politik als auch in der Kulturarbeit engagiert. Seine Protestsongs schreibt er im Dialekt der Arbeiter von Murano, nicht in der Hochsprache des venezianischen Theaters etwa eines Goldoni. In diesem Lied besingt er das Motiv des Hochwassers und reiht assoziativ die damit zusammenhängenden Erinnerungen und Ängste aneinander. Die moderne italienische Fassung lautet:

L'acqua che scenderà

ne porterà via tanti
di risi e pianti da questa città
Ha portato via gli ori
ha portato le miserie
e tutto quello che non si è pescato

Si è già portato via
i nostri anni belli
e quelli brutti li ha dimenticati
Ti resta da rimpiangere
il ricordo del buon tempo
e il sudore di quello che ti è rimasto

Qua da noialtri i mesi
del caldo durano poco
il sole lo vedi quasi di nascosto
Col caldo che ti asciuga
tu lavori notte e giorno

in cuori preghi Dio
che te la mandi buona

che il tempo duri bello più che possa
Bestemmi a ogni pioggia
le ore non hanno nome
il giorno e la notte non esistono più

e poi un inverno
che fa miseria.

Italo Calvino: Le città invisibili (VI) / Die unsichtbaren Städte (VI)
Le città e gli occhi / Die Städte und die Augen

Italo Calvino (1923–1985) schrieb märchenhaft-fantastische Romane (*Der geteilte Visconte*, 1952; *Der Baron auf den Bäumen*,
1957; *Der Ritter, den es nicht gab*, 1959 [als Trilogie u.d.T. *Unsere
Vorfahren*]; *Die unsichtbaren Städte*, 1977; *Wenn ein Reisender in
einer Winternacht*, 1983) und Erzählungen (*Unter der Sonne des Ja-
guar*, hrsg. 1986). In seinem Vortrag *Cibernetica e fantasmi*, 1967
(*Kybernetik und Gespenster*), verglich Calvino die Funktion des
Schriftstellers mit den Möglichkeiten einer Schreib- bzw. Literatur-
maschine. Beiden liege ein gemeinsamer Prozeß zugrunde, ein kom-
binatorisches Spiel, das den „impliziten Möglichkeiten des eigenen
Materials folgt", d. h. „alle möglichen Permutationen bildet". Nach
diesem Prinzip konstruierte Calvino bereits 1969 den ersten Zyklus
von Erzählungen in *Il castello dei destini incrociati*.

Die Phantasiestädte in Calvinos Roman *Le città invisibili* (dt.: *Die
unsichtbaren Städte*), erschienen 1972, sind ein Weiterspinnen dieses Prinzips, die unendliche Variation des Themas Stadt auf der Basis
eines komplizierten Konstruktionsplans. Die Bezeichnung Roman
trifft nur im weitesten Sinn zu. Calvinos Buch gliedert sich in neun
Kapitel zu je fünf bzw. zehn kurzen, meist zweiseitigen Stadtbeschreibungen. Insgesamt gibt es 55 Sinnbilder von Städten, die elf
Themenkreisen zugeordnet sind wie: Die Städte und die Erinnerung, Die Städte und der Wunsch, Die Städte und die Zeichen, Die
subtilen Städte, Die Städte und die Augen, Die andauernden Städte,
Die verborgenen Städte usw. Alle diese Städte sind weiblich, sie tragen bedeutsame geheimnisvolle Frauennamen: Isidora, Anastasia,
Eufemia, Pentesilea, Bersabea, Smeraldina. Eingebettet sind die

55 Städtebilder in eine Art Rahmenhandlung, einen fiktiven Dialog zwischen dem Mongolenkaiser Kublai Khan und dem venezianischen Reisenden Marco Polo, der 17 Jahre (1275–1292) an dessen Hof weilte. Der historische Marco Polo und sein Reisebericht *Il Milione* dienten Calvino als Vorlage, die ins Phantastische übersteigert wird. Calvinos *Le città invisibili* scheint die literarische Relevanz Venedigs für die Moderne zusammenzufassen und auf das Entscheidende zu konzentrieren (A. Corbineau-Hoffmann). Venedig, unsichtbar wie die anderen Städte, aber der Erinnerung Marco Polos präsent, wird verschwiegen, so als entspräche das Schweigen, auf der Ebene des Diskurses, der thematisierten Unsichtbarkeit von Orten. Eben diese gewinnt sprachliche Gestalt in den Erzählungen Marco Polos vor Kublai Khan, und die Sprache erscheint als das einzige Medium, das Unsichtbare zu respektieren und ihm zugleich ein imaginäres Relief zu verleihen: Die Städte existieren nur im Diskurs. Von Venedig will Kublai Khan berichten hören, ahnt aber nicht, daß sein Wunsch für die Zukunft in der Vergangenheit bereits erfüllt wurde, denn, so Polo, mit jeder Stadtbeschreibung habe er etwas über Venedig gesagt; mehr noch: er konnte nur deshalb die anderen Städte wahrnehmen, weil ihnen Venedig als *prima città* zugrunde liegt. Venedig als erste Stadt, als Urmodell der Stadt schlechthin, so stellt uns Calvino diese Stadt in den beiden ausgewählten Kapiteln des Romans vor, wobei die Beschreibung der Phantasiestadt Fillide den Prinzipien der venezianischen Stadtarchitektur auf beeindruckende Weise nachempfunden ist.

Anna Maria Carpi: Venezia si chiamava / Venedig hieß es

Anna Maria Carpi lebt in Mailand und Venedig, sie ist Professorin für deutsche Literatur an der Universität Venedig und eine sowohl in Italien als auch international renommierte Schriftstellerin. Sie hat bisher zwei Gedichtbände vorgelegt, *A morte Talleyrand* 1993, der im selben Jahr mit dem „Premio Pisa" und ein Jahr später mit dem „Premio Diego Valeri" ausgezeichnet wurde, und *Compagni corpi* 1998. Aus ihrer Feder stammen die Romane *Racconto di gioia e di nebbia* (1995), *E sarai per sempre giovane* (1996) (dt. Übersetzung bei Rowohlt 1997 erschienen), *Il principe scarlatto* (2002) und die Novellensammlungen *Racconti di yurte e di steppe* (1998) und *La clandestina* (1999). Darüber hinaus hat sie Studien u. a. über Benn, Celan, Thomas Mann und Kleist vorgelegt und ist auch als Übersetzerin deutscher Literatur ins Italienische hervorgetreten (Benn, Thomas Bernhard, Rilke, Enzensberger, Durs Grünbein, Nietzsche).

Das eigens für diesen Band geschriebene Gedicht von Anna Maria Carpi ist ein Gedicht über die Stadtflucht, Stadtflucht jedoch in einem anderen Sinne als gemeinhin verstanden. Die Einwohner Venedigs haben ihre Stadt verlassen, die letzten sind gerade im Begriff, es ihnen gleich zu tun. Es war einmal – Venedig. Das Meer hat – in diesem Gedicht – schon die Stadt besiegt. Carpi entwirft eine apokalyptische Vision: Venedig ohne Venezianer, auch ohne Katzen, auch sie tun es den Menschen gleich, sie verlassen die Stadt. Was von Venedig bleibt, ist der qualmende Nebel und der letzte Kleidsaum eines antlitzlosen Gottes, auch die Fremden sind verschwunden und mit ihnen das Geld in Form der Geldwechslerstuben, aber sie waren nicht die Schlimmsten, die Schlimmsten sind die Insassen, d. h. die Venezianer selbst, die aus der Stadt einen Zirkus der Harlekine machten. Die Ernsthaftigkeit, das Meer zu bekämpfen, spricht die Dichterin in Gegenwart und Vergangenheit den Venezianern ab, so daß nun das Meer gekommen ist. Es bleibt zurück die leere Wohnung, auch die Katze ist schon fort, die Giudecca ist nicht mehr zu sehen und die verbleibenden Lichter sind jene der letzten wegziehenden Venezianer.

Carpi inszeniert poetisch den immer wieder heraufbeschworenen Untergangstopos, die Metapher der sinkenden Stadt, die zum Opfer der Wellen und des Meeres wird. Carpis Gedicht variiert einmal mehr jenen Untergangsmythos, der seit über zweihundert Jahren einen der venezianischen Hauptmythen darstellt. Die Dichterin faßt als Venezianerin das imaginäre Ende Venedigs in lyrische Worte, auch sie gehört in dieser Fiktion zu jenen, die das steinerne Schiff verlassen. Sie selbst wird dabei zugleich zur Zuschauerin des Schiffbruchs. Alle reisen ab, verlassen die Stadt, auch der antlitzlose Gott reist mit dem Wind auf die Terraferma, das Festland, von dem ja auch die Dichterin stammt, nämlich aus Mailand.

In Venedig, Stadt der weltweit beachteten Filmfestspiele, hat Anfang Januar 2003 das letzte Kino geschlossen. Zur letzten Vorstellung in das private Rossini-Theater kamen nur noch ein Dutzend Zuschauer. „Die Stadt ist dunkel und kalt, abends ist niemand mehr unterwegs", schrieb die römische Zeitung *La Repubblica*. Schuld an der Entwicklung sei der anhaltende Rückgang der Einwohnerzahl. Heute leben nur noch 64 000 Menschen das ganze Jahr über in der Lagunenstadt. „Das ist der Tod des Kinos in der Stadt der Filmfestspiele." Aus der Zeitungsnotiz erhellt, was die Dichterin Anna Maria Carpi in die Sprache der Poesie übersetzt hat: die Stadtflucht aus Venedig.

Guido Ceronetti: Venezia, Caffè Tedesco
sul Canal Grande, 1918 /
Venedig, Caffè Tedesco am Canal Grande, 1918

Der 1927 in Turin geborene Autor ist zunächst als Übersetzer hervorgetreten, u. a. hat er biblische Texte, aber auch Klassiker (Martial, Catull, Juvenal) und moderne Autoren (u. a. Maurice Blanchot) ins Italienische übersetzt. Die in *La Stampa* publizierten politischen und literaturkritischen Artikel erschienen anschließend in mehreren Bänden, *Difesa della luna* (1971), *La carta è stanca* (1976), *La musa ulcerosa* (1978), *La vita apparente* (1982), *Un viaggio in Italia* (1983), *Albergo Italia* (1985), *Briciole di colonna* (1987) und *L'occhiale malinconico* (1988). Das dichterische Werk erschien unter dem Titel *Compassioni e disperazioni. Tutte le poesie 1946–1986* (1987), die Aphorismen unter den Titeln *Il silenzio del corpo* (1979) und *I pensieri del tè* (1987). Anschließend entstanden zwei Romane, 1992 *Scavi e segnali* und 1993 *D. D. Deliri disarmati*.

Das Gedicht *Venedig, Caffè Tedesco am Canal Grande, 1918* erschließt sich kaum dem Leser, es ist Vers für Vers zu dechiffrieren und jeweils mit Assoziationen zu verknüpfen. Konkrete Anlässe ergeben sich aus dem Text. Der Dichter wünscht sich einleitend aus dem Jetzt in die Vergangenheit, die eigene und die Venedigs. Wenn in uns „soviel Seele ist, daß man einen Kanal damit anfüllen könnte, der ins Unendliche führt", gelingt es Ceronetti, ein gelungenes Bild für unsere Befindlichkeit zu finden. Den Schlüssel zu den verlorenen Augen und Lichtern haben wir verloren, er liegt auf dem Grund der Kanäle. In *Albergo Italia* aus dem Jahre 1993 heißt es: „Das Schicksal Venedigs macht mich neugierig. Über die Metamorphose einer berühmten mediterranen Republik in eine Art festlichen Sündenbock der universalen Sünde systematischer Zerstörung der Schönheit der Welt muß gründlich nachgedacht werden. Venedig entlastet seine Besucher von großen Übeln und unbewußten Übelkeiten und belädt sich damit selbst bis zum Bersten. Es wird sich nie davon läutern können. Es wird nicht überleben". Ist das nicht auch eine der Aussagen des Gedichts?

Maria Luigia Chiosi: Venezia / Venedig
Morte a Venezia / Tod in Venedig

Maria Luigia Chiosi ist Venezianerin und lebt mit ihrer Familie in Mestre, wo sie auch unterrichtet. Sie organisiert in Venedig Ausstellungen und Kolloquien u. a. zur modernen Lyrik. Bisher hat sie zwei Gedichtbände veröffentlicht, 1988 *Un posto in piedi* und 1991 *L'estate che non fiorisce.* Zusammen mit Paolo E. Balboni hat sie den Band *Mario Stefani: poesie dal 1960 al 1988* herausgegeben. In dem Gedicht *Venezia* wird Venedig zum Spiegel der Dichterin, die Stadt aus Stein und Meer wird zum Spiegel ihres Lebens und konfrontiert sie zugleich mit der Vergänglichkeit, auch der eigenen. *Morte a Venezia* steht schon vom Titel her gesehen in einer großartigen Tradition der Venedigliteratur der Décadence und des Fin de Siècle. In diesem rezenten Text, der erst vor wenigen Jahren geschrieben wurde, dominiert eine großartige Musikalität die poetische Sprache. Die Geschichte wird als Eitelkeit entlarvt, der eigene Gesang zum Schwanengesang, Vergänglichkeit und Vergehen prägen als Grundstimmung das Gedicht.

Francesco De Gregori: Miracolo a Venezia /
Wunder in Venedig

Der bürgerlichem Milieu entstammende Römer (geb. 1951), der weder zuhause noch in der Schule – er besuchte ein altsprachliches Gymnasium – je Probleme hatte und eine Wunschkarriere machte, gibt sich auch in Interviews scharfsinnig. Francesco De Gregori könnte als Prototyp des *cantautore* gelten, wie er Ende der sechziger Jahre entstand: Blue Jeans, Gitarre, ein Tüchlein um den Hals, etwas Bart. Seine erste eigene LP kam 1973 unter dem Titel *Alice* auf den Markt. Auf den ersten Platten sind deutlich Einflüsse von Leonard Cohen und Bob Dylan hörbar. Sein größtes Vorbild in Italien war Fabrizio de André. De Gregori bezieht die Position des Einzelgängers, der sich den Marktmechanismen möglichst entziehen will. Das tat er teilweise auch konsequent: Seit das staatliche Fernsehen RAI ihm das Lied *Le storie di ieri* (*Die Geschichten von gestern*) schnitt, überließ er dem Fernsehen nie mehr die Verfügungsgewalt über seine Titel. Der Hinweis auf Italiens faschistische Vergangenheit in diesem Lied galt als nicht opportun.

Francesco De Gregoris Canzone greift im fiktiven inneren Dialog einige Typika sowohl des traditionellen als auch des modernen Venedig-Bilds auf, die als gesungene Versatzstücke Venedig-Impressionen des Sängers spiegeln. Es ist ein Lied über den Untergangstopos, die Umweltverschmutzung und das triste Leben in der Vorstadt Marghera. Herzen werden zu Inseln der Liebenden, Venedig am Ende definiert als Gemeinplatz der Melancholie und Ort der Sehnsucht. Der Text weist poetische Qualitäten auf: Kann man von einer Canzone mehr erwarten?

Virgilio Guidi: Venezia d'inverno / Venedig im Winter

Virgilio Guidi aus Rom ist vor allem Maler, er grenzte sich von Anfang an von den künstlerischen Traditionen der Lagunenstadt ab. Er hatte auf der Biennale Werke ausgestellt, die für die Geschichte des neuen Stils grundlegend sein sollten. Im Jahr 1927, als er an die Accademia von Venedig kommt, gehört er auch zu den zehn von

Margherita Sarfatti ausgewählten Künstlern, die auf der 18. Ausstellung der „Società Amatori e Cultori di Roma" das italienische Novecento repräsentieren sollen, da er offensichtlich als ein sicherer Vertreter einer Kunst galt, die der Klassizität und dem Purismus verpflichtet ist. Guidi war in seiner Entwicklung durch Piero della Francesca beeinflußt worden und hatte damals schon seine Synthese von Wirklichkeit und Metaphysik des Lichts gefunden, so daß er von Franz Roth in dessen Buch *Nachexpressionismus. Magischer Realismus* bereits 1925 zu den Meistern des europäischen Magischen Realismus gezählt wird.

Das kleine Gedicht *Venezia d'inverno* ist wie ein Pinselstrich geschrieben. Die Verlorenheit der Tauben, der Möwenflug, der dumpfe Himmel stehen für die winterliche Gefangenschaft der Stadt, die auf ihre Befreiung durch das Frühjahr hofft. Ein kleines Jahreszeitengedicht, von einem dichtenden Maler verfaßt.

Milena Milani: Miracolosa città / Stadt der Wunder

Milena Milani ist eine der bekanntesten italienischen Schriftstellerinnen. Sie stammt aus Savona, studierte in Rom und lebt in Venedig und Cortina d'Ampezzo. Sie ist in fast allen literarischen Gattungen hervorgetreten, schrieb Romane (*Storia di Anna Drei, La ragazza di nome Giulio, Io donna e gli altri, Soltanto amore, La rosa di Via Tadino*), Gedichte (*Mi sono innamorata a Mosca*), Erzählungen (*Emilia sulla diga*) und Essays (*Umori e amori, L'Angelo nero e altri ricordi*). Auch als bildende Künstlerin hat sie sich inzwischen einen Namen gemacht. 1990 erschien über sie ein Band von Rossella Lovascio unter dem Titel *Milena Milani una donna una scrittrice*. Die Stadt Mailand ehrte sie 1982 mit der „Medaglia d'Oro" und Francesco Cossiga ernannte sie zur „Grande Ufficiale al merito della Repubblica Italiana".

Das Gedicht „Stadt der Wunder" greift einen Topos des 16. und 17. Jahrhunderts auf, Venedig, die wunderbare Stadt und Stadt der Wunder, Objekt der Künste. Angesichts der Vielzahl von Texten nicht mehr über Venedig sprechen zu können, ist ein weiterer Topos der Literatur, denn Milena Milani sieht sich als Dichterin sozusagen

„tätowiert" von dieser Stadt. Die Stadt ist Schauplatz existentialistischer Identitätssuche, aber zugleich sucht die Dichterin auch die Stadt selbst u. a. auf der Friedhofsinsel San Michele. Das Gedicht endet in der Selbstkritik, dem Befund eigener Lebendigkeit. Im toten Du auf der Friedhofsinsel sucht sie ihre toten Freunde, und in ihnen vor allem Venedig. Bis vor kurzem wurde San Michele als Friedhof von Venedig genutzt – mittlerweile haben keine neuen Gräber mehr Platz. Je nach Besitz fanden die Toten hier entweder ihre ewige Ruhe oder mußten nach zehn Jahren überführt und auf dem Festland beigesetzt werden.

Eugenio Montale: La gondola che scivola / Die Gondel, die in einem grellen Leuchten Prosa veneziana / Venezianische Prosa

Eugenio Montale (1896–1981) gilt als maßgeblicher italienischer Lyriker der Moderne, mit G. Ungaretti ist er Vorreiter des Hermetismus. Seine Gedichte, veröffentlicht u. a. in den Sammlungen *Nach Finisterre* (1943) und *Satura* (1962), sind private Bekenntnisse, geprägt vom Leid des Lebens; sie zeigen Elemente des Symbolismus und des Surrealismus, verflechten Gegenwart, Vergangenheit und Erinnerung miteinander. Statt die Abstrahierung des Gedankens und Ausdrucks bis zum oft kryptisch Absoluten zu suchen, ist er oft bestrebt, seine Verneinung der Welt und des Daseins, die aus der Überzeugung von der unaufhaltsamen Auflösung der Wirklichkeitsformen in subjektive Täuschung resultierte, in expressiven Bildern und einer bis zur Kargheit verdichteten, dennoch auffallend musikalischen Sprache zu durchdringen. Als Symbole dieser realen Außenwelt begegnen häufig das Meer, die herbe Landschaft der Cinque Terre, das zerstörerisch gleißende Sonnenlicht oder alltägliche Objekte. Montale schrieb Essays und Tagebücher und arbeitete auch als Journalist und Übersetzer spanischer und englischer Dichtung. 1975 erhielt er den Nobelpreis für Literatur.

Das Gedicht *La gondola che scivola* zeigt einen selbstreflexiven Dichter, der sich dem Gelächter von Masken und dem Gewirr von Menschen gegenübersieht. Der Dichter ist Zuschauer städtischen

Treibens in Venedig, vielleicht zur Zeit des Karnevals, und beobachtet, wie die Menschen am Abend in Scharen fliehen, aus den Gondeln neuen Vergnügungen zu. Es bleibt die Nacht, die in der subjektiven Wahrnehmung durch das lyrische Ich noch „tiefer" wird. In der Nacht werden die Menschen zu einem bleichen Gewirr, so daß der Dichter eine Parallele zum Fischer am Ufer erkennt, der selbstvergessen Aale aufspürt. Spinnt man den Vergleich weiter, so wird der Dichter als Fischer verstanden und die von ihm beobachteten und dichterisch „eingefangenen" Menschen scheinen sich wie Aale in Venedig zu bewegen. Wirklichkeit wird somit in subjektive Täuschung aufgelöst. Zu Vers 2 bleibt anzumerken, daß die Gondel außen schwarz (Teer) und innen rot (Mohn) ist. Das „hinterhältige Lied" könnte nach einer Anmerkung Montales auch das Lied von Dapertutto aus dem II. Akt aus *Hoffmanns Erzählungen* von Offenbach sein.

In *Prosa veneziana* kehrt der Dichtertourist Montale, unter der Hitze wie unter der Last eines Kataloges der Biennale und anderer Übel leidend, Venedig den Rücken. Er fühlt sich noch zu jung, um der Faszination einer solchen Stadt zu erliegen, noch ist der Augenblick des Dichtens für ihn gekommen. Der Nobelpreisträger Montale integriert dieses Gedicht aus den sechziger Jahren in den 1971 erschienenen Band *Satura II* (etwa: Gesättigte II). Die Ironie der Titel ist beabsichtigt: nicht die Poesie, sondern das prosaisch Alltägliche gerät in den Blick des Dichters.

Pier Antonio Quarantotti Gambini: Venezia / Venedig
Le barche che nel rio / Die Boote, die auf dem Kanal
L'acqua alta / Hochwasser

Quarantotti Gambini wurde 1910 in Pisino d'Istria, heute Pazin in Ex-Jugoslawien, geboren, gestorben ist er in Venedig 1965. Ein traditionell vorgehender Dichter mit einer *sensibilità mitteleuropea*, wie die italienische Literaturgeschichte *Manuale di letteratura italiana* schreibt. Diese mitteleuropäische Mentalität teilt er ohne Zweifel mit dem berühmten italienischen Germanisten Claudio Magris, dessen Buch über die Donau beredtes Zeugnis dieses Denkens ablegt.

Entscheidend für den Poeten Quarantotti Gambini wurde die Begegnung mit Umberto Saba im Jahre 1929. Bekannt wurde er durch Fortsetzungsgeschichten für die Zeitschrift *Solaria*, 1931 –32, die ihren Namen von der Utopie einer idealen Sonnenstadt herleitete (Campanellas *Città del sole*) und sich als autonome literarische Plattform nichtfaschistischer Intellektueller und Schriftsteller der jüngeren und älteren Generation verstand. Es erschienen anschließend die Erzählungen *I tre crocifissi* und *Il fante di spade*, die dann mit *La casa del melograno* in dem Erzählband *I nostri simili* (1939) zusammengefaßt wurden. 1935 veröffentlichte er in *Pan* den Fortsetzungsroman *La rosa rossa*. Immer wiederkehrende Themen sind die istrische Landschaft und die Adoleszenzproblematik. Sie werden vertieft in *Le trincee* (1942), die mit *Amor militare* (1955) und *Il cavallo Tripoli* (1956) die autobiographische Trilogie *Gli anni ciechi* (posthum, 1956) bilden. Ihnen folgen posthum noch *Le redini bianche* (1967). Während des Krieges schrieb Quarantotti Gambini *L'onda dell'incrociatore* (1947), seinen bekanntesten Roman. Von 1945–1949 leitete er den Geheimsender „Radio Venezia Giulia". Er widmete sich dann vollständig dem Journalismus und der Narrativik, den Erzählungen mit *Primavera a Trieste* (1951), *La calda vita* (1958), *I giochi di Norma* (1964). Posthum wurden publiziert *Il vecchio e il giovane* (hrsg. von U. Saba, 1965), die Korrespondenz von 1930–57 mit Saba, und die Gedichtsammlungen *Racconto d'amore* (1965) und *Al sole e al vento* (1970).

Erst vor dem Hintergrund der Biographie Quarantotti Gambinis werden die zentralen Aussagen seines Gedichts *Venezia* deutlich. Es ist geprägt vom Kontrast der Terraferma, des Festlands, und der Seestadt. Der Mann aus Istrien findet in Venedig während des Krieges „jene alte Welt und meine seit immer", die Stadt Venedig wird ihm Zufluchtsort vor den Grausamkeiten des schrecklichen Krieges – des Zweiten Weltkriegs – den er im Bild des „absurden und blinden Schiffbruchs" erfaßt. Explosionen, eingestürzte Brücken, brennende Züge, kindliche Grausamkeiten, Trümmer und Blut sind die Substantiva, die z. T. im Nominalstil ein Bild des Kriegselends skizzieren. Wer die Brücke über die Lagune überquert hat, scheint in Venedig in einer freundlichen, liebenswerten Welt angelangt zu sein. Der Matrose im Milchgeschäft, der beim Milchkaffee über alles plaudert, nur nicht über den Krieg, wird zur Personifikation der Indifferenz, zum Antitypus des lyrischen Ich. „Er war einer von morgen gerade weil er ein Mann von gestern blieb". Während der Dichter selbst noch im Alptraum des Krieges lebt, bleibt der Matrose gleichgültig und teilnahmslos selbst beim Klang der Sirenen. Venedig verkörpert als Stadt eine Art Renaissance, die Wiedergeburt des Dichters trotz der Schrecken des Krieges. Und es sind die einfachen Dinge, die dies bewirken. Venedig, geboren wie ein Glas aus Murano, war dem Krieg entgangen und hatte seine Schönheit „der einen oder anderen feindlichen Hand" entrissen. Das Wunder der Rettung Venedigs, das der Dichter heraufbeschwört, ist zugleich das Wunder der eigenen Rettung, der eigenen Wiedergeburt. „Mir schien, daß ich das Leben wieder fand." Innerhalb der Venedig-Lyrik nimmt dieses Gedicht eine Sonderstellung ein. Der Dichter aus Istrien, vom Festland, findet Zuflucht in Venedig, wo die Welt unverändert scheint und unversehrt die Schrecken des Krieges überstanden hat. So wird die Unversehrtheit der Stadt zum Auslöser für die Wiedergeburt des Dichters. Das Gedicht ist eine poetische Auseinandersetzung mit der Zeitgeschichte, jenseits aller Ideologien, auf der Suche nach der Menschlichkeit, für die die Stadt Venedig zum Synonym wird.

In dem Gedicht *Le barche che nel rio* zeigt sich ein lyrisches Ich, dessen Tagesrhythmus durch die Boote geprägt wird. Es erklärt sich selbst als Ruderer eines unsichtbaren Bootes auf dem Wasser im Wind, das untrennbar mit Venedig verbunden ist.

Auch in *L'acqua alta* finden sich Venezianismen (*cavai, salizo, Listòn* u. a.), die dem Gedicht auch sprachlich venezianisches Lokalkolorit verleihen. Was wäre Venedig ohne das Hochwasser? Es gehört zu den Konstanten des Venedigbilds, und wir können Quarantotti Gambini für dieses außergewöhnliche Hochwassergedicht dankbar sein. Die vielfältigen Spiegelungen Venedigs im Wasser werden addiert zu fast surrealen Szenen des Lebens in der Stadt. Bauwerke und menschliches Leben scheinen auf den Kopf gestellt, und man verliert die Orientierung. Die letzte Strophe erinnert auf wunderbare Weise an Carduccis Gedicht *Le nozze del mare*, die Vermählung Venedigs mit dem Meer. Der Bucintoro ist das Prachtboot des Dogen. Das Bild der Adria, die Venedig die Jugend zurückschenkt, variiert freilich Carduccis Motiv, versöhnt es aber auch mit dem Hochwasser.

Aldo Palazzeschi: Venezia / Venedig
Santa Maria della Salute / Santa Maria della Salute
I Marinai / Die Seemänner

Aldo Palazzeschi, 1885 in Florenz geboren, 1974 in Rom gestorben, stammt aus einer großbürgerlichen Familie; sein eigentlicher Name war Giurlani. Er besuchte eine Schauspielschule und übte den Beruf des Schauspielers auch einige Zeit aus, dann widmete er sich ausschließlich der Literatur. Nach seiner futuristischen Periode (vom Futurismus distanzierte er sich aber bald, u. a. wegen seiner Opposition gegen den Ersten Weltkrieg) publizierte er fast nur noch Romane. Bis 1941 lebte er in Florenz, dann im Winter in Rom und im Sommer in Venedig. Auch hielt er sich oft und lange in seiner Wahlheimat Paris auf.

Unter seinen dichterischen Werken sind zu nennen: *I cavalli bianchi* (1905), *Poemi* (1909), *L'incendiario* (1910), *Poesie* (1930), *Cuor mio* (1968) und *Via delle cento stelle* (1972). Venedig hat Palazzeschi mehrere Gedichte, einen Roman, *Il Doge* (1967), die Novelle mit gleichnamigem Titel (*Il Doge*,1951) sowie zahlreiche weitere Novellen gewidmet.

Palazzeschis Gedicht *Venezia* liest sich wie ein „mineralogisches Gedicht". Die Stadt wird als kostbarer Stein metaphorisiert und dies nicht nur einmal, der Text liest sich geradezu wie eine Einführung in die Mineralogie. Venedig wird als ein Juwel aus wertvollen Edelsteinen beschrieben, die Enumeration endet im dreifachen Goldausruf im letzten Vers, der weitere Ausrufe andeutet. Die Basilika von San Marco steht für das „Wunder der Wunder", die wunderbare Stadt Venedig, daher auch der Name der Stadt als Titel des Gedichts. Palazzeschis Technik kann fast als „konkrete Poesie" gelesen werden, das Gedicht veranschaulicht zugleich das sinnauflösende, sinnstiftende und sinnbetörende Spiel Palazzeschis mit Signifikanten und Signifikaten. Solche Verse sollte man nicht übersetzen, sondern einfach nachsprechen, um die von Wort zu Wort sich fortrankenden Assoziationen des Dichters nachzuvollziehen, die sich auch auf phonische, semantische und graphische Elemente stützen.

Im Zentrum von Palazzeschis Gedicht *Santa Maria della Salute* steht die zwischen 1631 und 1687 erbaute Basilika, wie Palladios Redentore eine Votivkirche, mit der die Stadt ihre Dankbarkeit für das Ende einer Pestepidemie ausdrückte, der rund 50000 Menschen, ein Drittel der Bevölkerung, zum Opfer gefallen waren. Baldassare Longhena, ihr Architekt, hatte ein „jungfräuliches Werk, seltsam und schön, in der Form einer runden ‚Maschine'" angekündigt und nicht übertrieben. Der weißstrahlende, achteckige Bau, Venedigs bedeutendste Barockkirche, ist tatsächlich ein phantastisches Konstrukt. Mit seiner großen Haupt- und der kleineren Chorkuppel, den volutenbekrönten Säulen, dem monumentalen Portal und der Freitreppe, auf der alljährlich am 21. November die Dankprozession emporsteigt, wirkt er wie aus Zucker gebacken. Die riesigen Schnörkel oder Voluten an den Strebepfeilern der Hauptkuppel werden von den Venezianern *orecchioni* – große Ohren – genannt.

Vom Wasser ausgehend beschreibt der Dichter Palazzeschi diese beeindruckende Basilika, indem er mit dem literarischen Verfahren der Perspektivenverengung, der Fokussierung, den Gang des Besuchers verfolgt, der zuerst am Äußeren der Kirche aufschaut, dann das Innere betritt und zum Altar vor geht, in dessen Tabernakel das Heiligste aufbewahrt wird, die Hostie. Am Hochaltar befindet sich die herrliche Skulptur *Die Jungfrau vertreibt die Pest*, entworfen von Longhena und ausgeführt von Juste le Court. Die fliehende Figur links stellt Venedig dar, während die fliehende alte Vettel zur Rechten die Seuche symbolisiert. Der Beschreibung des Äußeren folgt in Palazzeschis Gedicht die Beschreibung des Innenraums, des Mosaikbodens, der als silberner See metaphorisiert wird. Als geometrische Form überwiegt im Gedicht der Kreis, die Rundheit und das Kreisförmige. Die poetische Sprachgebung, etwa „GewölbePilasterSäulenArkaden", z. T. in Form enumerierender und arbiträrer Substantivkomposita, die durchaus etwas Barockes haben, bildet geradezu mimetisch die barocke Architektur der Salute-Basilika nach. Auf diese Weise entsteht eine in der futuristischen Vergangenheit Palazzeschis zu verortende Form mimetischer Poesie. Wer denkt am Ende des Gedichts, wenn Palazzeschi das Mysterium als Feuer begreift, nicht an d'Annunzios gleichnamigen monumentalen Roman über Venedig *Il fuoco*?

Das Gedicht *I Marinai* beginnt mit einem Überraschungseffekt oder besser einem Verfremdungseffekt: Wenn auf dem Markusplatz die Sterne vom Himmel gefallen sind, dann sind sie bei den See-leuten auf Landgang. Venedig ist eine Stadt am Meer, was liegt näher, als auch den Seemännern ein Gedicht zu widmen. Arbeit, Liebe, Leben, Ängste und Qualen sind u. a. die Momente, die Palaz-zeschi als typische Augenblicke ihres Lebens aufgreift und zum Teil verfremdet. Zurück auf See sind sie wieder Kinder des Meeres.

Sandro Penna: La veneta piazzetta / Die Piazzetta

Der 1906 als Sohn eines Händlers in Perugia geborene Sandro Penna absolvierte eine Buchhalterausbildung, zog 1929 nach Rom, wo er hauptsächlich, teilweise als Buchhandlungsverkäufer, aber meistens ohne festen Beruf lebte. Seine ersten Veröffentlichungen verdankte er Umberto Saba. Er war unregelmäßig als Mitarbeiter für *Oggi, Corrente, Il Mondo* tätig und verstarb 1976 in Rom. Unter den dichterischen Werken des auch als Erzähler bekannten Schriftstellers sind zu nennen: *Tutte le poesie* (1970), die das veröffentlichte Ge-samtwerk bis zum Erscheinungsjahr enthalten; *L'ombra e la luce* (1975), *Stranezze 1957–1976* (1976), *Il viaggiatore insonne* (1977).

Das erstmals 1939 in *Poesie* veröffentlichte Gedicht *La veneta piazzetta* ist der Piazzetta vor dem Dogenpalast gewidmet. Dieser Platz stellt die Verbindung zwischen Meer und Markusplatz her und war immer schon ein Ort für feierliche Prozessionen und Karnevalsfeste. Beliebt ist der Platz bis heute als öffentlicher Treffpunkt. Auf der Piaz-zetta, an der dem Wasser zugewandten Seite, dem Molo, stehen zwei Granitsäulen, von denen eine den Markuslöwen, die andere den hl. Theodorus trägt, letzteren mitsamt Krokodil, Fisch und Drachen, über deren Bedeutung die Gelehrten streiten. Lange Zeit fanden hier auch Hinrichtungen statt, weshalb es die Venezianer vermeiden, zwischen den Säulen durchzulaufen, weil dies Unglück bringe. In der Malerei berühmt ist die Vedute der Piazzetta von Guardi. Sandro Pennas Ge-dicht reduziert die Geschichte des Platzes auf die Besonderheit einer Begegnung. Geschichte und Melancholie, Taubenflug und Meeresduft umrahmen jene Atmosphäre, in der nicht die große Vergangenheit des Platzes sich in der Erinnerung des Dichters einprägt, sondern der Flug eines Radfahrers mit der an den Freund gerichteten Frage *Vai solo?*.

Filippo De Pisis:
Notte veneziana / Venezianische Nacht
Giardino secreto / Geheimer Garten

Filippo De Pisis ist wie Virgilio Guidi vor allem als Maler bekannt. Er gehörte zur Gruppe der *Peintres Italiens de Paris* und stellte bereits in den dreißiger Jahren seine Gemälde bei der Biennale in Venedig aus. De Pisis wohnte seit 1925 in Paris und kam alljährlich nach Cadore und nach Venedig. Er liebte an der Stadt vor allem das Antiklassische, die architektonischen Formen, deren Festigkeit durch das spezielle Licht scheinbar zarter wirkt und die er von den ersten Aufenthalten an mit raschen Strichen auf die Leinwand bannt. Auf den Bildern hält er die Flüchtigkeit des visuellen Eindrucks fest und zeigt all das, von dem er weiß, daß es dazu bestimmt ist, sich mit der Zeit zu verändern und langsam unterzugehen. Als er von 1943–47 in Venedig wohnt, widmet er sich intensiv der Malerei und der Graphik und arbeitet dabei in verschiedenen Genres, von Landschaftsbildern über Stilleben bis zu Porträts. Diese Jahre sollten zu seiner produktivsten Schaffensperiode gehören. De Pisis befindet sich damals im Einklang mit den Malern der sogenannten *linea veneta* (der *venezianischen Richtung*), den Erben des lokalen Kolorismus, welcher, vom Spätimpressionismus beeinflußt, die Empfänglichkeit für die Lichtschwingungen, eine raffinierte Farbgebung und die lyrische Beschwörung einer sich ständig verändernden Wirklichkeit miteinander verbindet.

Das Gedicht *Notte veneziana* beschreibt eine poetische Miniaturszene: Im schweigsamen Haus im Mond arbeitet ein Dichter, spekuliert Filippo De Pisis, vielleicht aber auch ein kleiner Abt oder ein Galan? Und wer ist die schüchterne Grazie? Die Poesie? Ein Gedicht wirft Fragen auf, die bereits ihre Antworten enthalten oder suggerieren. Die Feder des Dichters scheint nachhaltig vom Pinsel des Malers beeinflußt.

Auch das Gedicht *Giardino secreto* ist eine Momentaufnahme, der geheime Garten muß in einer Stadt wie Venedig zweifelsohne eine Kostbarkeit darstellen. Er wird als Paradiesgarten beschrieben, den man nur mit dem Schlüssel des hl. Petrus öffnen kann. Aber auch hier fallen die Blätter der prächtigen Pflanze ab und sterben. Das lyrische Ich sucht fieberkrank und benommen Zuflucht, aber in diesem Garten zittern die Blätter in einem „leichten Schaudern". Vergänglichkeit des Lebens und Flüchtigkeit der Welt sind Motive von De Pisis Gemälden, in diesem Gedicht versucht er, sich diese Motive poetisch anzuverwandeln.

Mario Stefani: Venezia / Venedig
Il resto è silenzio / Der Rest ist Schweigen

Mario Stefani ist am 4. August 1938 in Venedig geboren und wurde mit einer Arbeit über Pietro Aretino promoviert. Er ist als Italianist tätig und arbeitet auch als Literaturkritiker. Aus seiner Feder erschienen sind u. a. *Desiderio della vita* (1960), *Giorno dopo giorno* (1961), *La speranza avara* (1967), *Il male di vivere* (1968), *Poesie 1960–1988* (1989). Stefani wurde mit mehreren Literaturpreisen ausgezeichnet. Zahlreiche Gedichte wurden bereits ins Englische übertragen und einige seiner Gedichte wurden inzwischen auch von Roberto Micconi vertont.

Das kleine aus sechs Versen bestehende Gedicht *Venezia* ist eine Liebeserklärung an Venedig. Die Stadt wird als Geliebte personifiziert, und als venezianisches Typikum wird am Ende des Gedichts ihr ewiges Leben und Sterben hervorgehoben. Das moderne Gedicht schließt somit an die lyrische Venedig-Tradition an.

Il resto è silenzio ist eine kleine venezianische Momentaufnahme in zehn Versen, eine Szene, die u. a. von einer Möwe, dem Canal Grande und einem Gondoliere bestimmt wird, der „Ohe" schreit, während der „Rest Schweigen ist". Der Titel des Gedichts kehrt als indirekte Rede am Ende wieder, und man ist versucht, an Italo Calvinos *Città invisibili* zu denken, denn auch in diesem kleinen Gedicht entspricht das Schweigen der thematisierten Unsichtbarkeit des Ortes.

Andrea Zanzotto: *Venezia, luogo di possibilità* / *Venedig, Ort der Möglichkeiten*

In der Reihe der großen italienischen Dichter des 20. Jahrhunderts wird nach Ungaretti, Montale, Quasimodo, Saba als einer der „Späteren" heute in der Regel Zanzotto genannt. Der 1921 in Treviso Geborene hat erst spät zu breiter Anerkennung gefunden, er mußte viel länger warten als die großen der ersten Jahrhunderthälfte. Dies kann wohl nicht an mangelnder Konsequenz in seinem Schaffen liegen, das sich – von *Dietro il paesaggio* (1951) bis zu *Idioma* (1986) – beharrlich und durchaus organisch entfaltet. Seit dem Zyklus *La beltà* (1968) und vor allem mit *Il Galateo in bosco* hat er sich seinen Platz in der italienischen Gegenwartslyrik erobert. Seiner sehr konzentrierten Dichtung werden zu Recht „religiöse Strenge" und „seltene Authentizität"(Franco Fortini) nachgesagt. Zanzotto kam es nach eigenen Aussagen vor allem darauf an, etwas Neues und Originelles zu entwickeln. Intertextualität, Beweglichkeit und eine starke metasprachliche und auch sprachmagische Tendenz sind wichtige Züge der Lyrik Zanzottos, von der Montale 1968 feststellte: „Zanzotto beschreibt nicht, er umschreibt, umringt, nimmt und läßt wieder los".

Diese Charakterisierung des lyrischen Sprechens trifft auch auf den hier abgedruckten Textabschnitt zu, einen Prosatext, der gleichwohl zahlreiche lyrische Elemente enthält. Er ist die Einleitung in den Photoband über Venedig *Essere Venezia* von Fulvio Roiter. Zanzottos Blick auf Venedig orientiert sich an den künstlerischen Photographien Roiters, auf sie nimmt er in seinem Text Bezug. Dabei ist sein Blick auf das Trugbild Venedig zwischen Ironie und Optimismus anzusiedeln. Voller Vertrauen in sein Volk, das stets bereit ist, sich immer wieder neu in Bewegung zu setzen, entwirft er für Venedig in einer noch zu projektierenden Zukunft eine Rolle, die sich sowohl als der Vergangenheit würdig erweist, als auch mit der historischen Identität vereinbar ist. Szenen des venezianischen Alltags werden in diesem Text mit historischen Verknüpfungen und in die Zukunft gerichteten Visionen verbunden in einer Sprache, die ständig um ihren Gegenstand ringt.

Danksagung

Am Ende möchte ich all jenen danken, die mir bei der Entstehung des Bandes zur Seite standen. Namentlich möchte ich aber ganz besonders Anna Maria Carpi (Venedig) erwähnen, die für diesen Band ein Originalgedicht verfaßt und übersetzt hat und mich auf einige Autoren aufmerksam machte. Paolo Scotini (Florenz) ist mit mir schwierige Textstücke durchgegangen und auf seinen Rat und seine Hilfe konnte ich immer zählen. Patrizio Collini (Florenz) hat mit mir einen venezianischen Abend in der Kunst- und Ausstellungshalle der Bundesrepublik Deutschland in Bonn im Dezember 2002 durchgeführt und mich immer freundschaftlich beraten.

Quellenverzeichnis

D'Annunzio, Gabriele, *Il fuoco*. Milano, Mondadori 1996 ([1]1900), S. 21–23. Dt. Übertragung von M. Gagliardi, *Feuer*. Roman in zwei Bänden von Gabriele d'Annunzio. Berlin, S. Fischer o. J., Bd. 1, S. 26–28.

Aretino, Pietro, „In lode di Venezia", in: Guido A. Quarti, *Quattro secoli di vita veneziana nella storia, nell'arte e nella poesia. Scritti rari e curiosi dal 1500 al 1900*. Prefazione di Renato Simoni, Milano, Gualdoni 1941, 2 Bände, hier Bd. 1, S. 27–28.

Aretino, Pietro, „A Tiziano", in: *Mythos Venedig – Il mito veneziano*. Hans Joachim Madaus. Arbeiten zu Venedig 1980. Vorwort, Auswahl der Texte mit Übersetzung von Gio Batta Bucciol. Tübingen, Narr 1980, S. 12–15.

Bembo, Pietro, „Questa del nostra lito antica sponda", in: *Italienische Dichtung aus acht Jahrhunderten ... un cantico che forse non morrà*. Ausgewählt, übersetzt und kommentiert von Wilhelm Theodor Elwert. Hrsg. von Marianne Albrecht-Bott. Darmstadt, Wissenschaftliche Buchgesellschaft 1997, S. 62–63.

Bertacchi, Giovanni, „Venezia", in: *Poeti italiani del XX secolo*, a cura di Alberto Frattini e Pasquale Tuscano, editrice La Scuola, Brescia III edizione 1981, S. 88.

Bertelli, Gualtieri, „L'acqua che calarà", in: *La chitarra e il potere. Autori della canzone politica contemporanea*, a cura di Simone Dessì e Giaime Pintor, Roma, Savelli, 1976, S. 111.

Boccaccio, Giovanni, *Decameron*, a cura di Mario Marti. Rizzoli, Milano [3]1979 ([1]1950), S. 291–292. Dt. Übersetzung: Giovanni Boccaccio, *Das Dekameron*. Übertragung von Albert Wesselski. Einleitung von André Jolles. Frankfurt, Insel [7]1981 ([1]1909), S. 372–373.

Calvino, Italo, *Le città invisibili*. Milano, Mondadori 1993 ([1]1972), S. 87–88, 91–92. Dt. Übersetzung: Italo Calvino, *Die unsichtbaren Städte*. München, dtv 1985 ([1]1977), S. 99–101, 105–106.

Cardarelli, Vincenzo, „Settembre a Venezia" und „Autunno veneziano", in: *Opere*, a cura di Clelia Martignoni, Milano 1981, S. 44–46.

Carducci, Giosuè, *Tutte le poesie*. Roma, Newton & Compton editori 1998 (I Mammut), S. 264–265, S. 547–549. Dt. Übersetzung: „Die Hochzeit des Meeres", in: Pascal Morché, *Venedig im Gedicht*. Frankfurt a. M., Insel 1986, S. 35–37.

Carpi, Anna Maria, „Venezia si chiamava" (Originaldichtung und Übersetzung für diesen Band).

Casanova, Giacomo, *Ma fuite des plombs de Venise – Meine Flucht aus den Bleikammern von Venedig.* Übersetzung von Ulrich Friedrich Müller und Kristian Wachinger. München 1989 (dtv zweisprachig), S. 272–277.

Ceronetti, Guido, „Venezia, Caffè Tedesco sul Canal Grande, 1918", in: *Compassioni e disperazioni. Tutte le poesie 1946–1986.* Torino, Giulio Einaudi 1987, S. 237.

Chiosi, Maria Luigia, „Venezia" und „Morte a Venezia", in: *Venezia. Itinerari poetici,* a cura di Giovanni Distefano/Mariuccia Regina. Venezia, Supernova Edizioni 1992, S. 103, 101.

Dante Alighieri, *La divina commedia,* a cura di Natalino Sapegno, vol. I Inferno, Firenze, La Nuova Italia Editrice 1982, S. 231–232. Dt. Übersetzung in: Dante Alighieri, *Die Göttliche Komödie.* Übers. von Hermann Gmelin. Stuttgart, Reclam 1951, S. 80.

Gatto, Alfonso, „Paesaggio veneziano" und „Chiesa veneziana", in: A. G., *Poesie,* a cura di Francesco Napoli. Milano, Jaca Book 1998, S. 112, 128.

Gatto, Alfonso, „Settembre a Venezia", „Natale al caffè Florian", „La luce", in: A.G., *Poesie (1929–1969),* scelte dall'autore. Milano, Mondadori, o. J., S. 85–86, 101, 112–113.

Gatto, Alfonso, „Mezzanotte a Mestre", „Torcello", in: A.G., *Poesie. 1929–1941.* Milano, Mondadori, o. J., S. 199, 201.

Goldoni, Carlo, *La bottega del caffè (1750).* Milano, Rizzoli 1984 (1750), S. 85–87. Dt. Übersetzung: Carlo Goldoni, *Komödien.* Übers. von Heinz Riedt. München, Winkler 1965, S. 107–108.

Govoni, Corrado, „A Venezia elettrica", in: *Poesie Elettriche.* Milano, Edd. di „Poesia" 1911, S. 338–340.

De Gregori, Francesco, „Miracolo a Venezia", in: *Scacchi e tarocchi* (Schallplatte, 1985).

Guidi, Virgilio, „Venezia d'inverno", in: *Poesie, Gedichte / Virgilio Guidi.* Einl. und Übers. Gio Batta Bucciol. Tübingen, Narr 1977.

Milani, Milena, „Miracolosa città", in: *Venezia. Itinerari poetici,* a cura di Giovanni Distefano/Mariuccia Regina. Venezia, Supernova Edizioni 1992, S. 53.

Montale, Eugenio, „La gondola che scivola", in: *Italienische Lyrik nach 1945.* Zweisprachige Ausgabe herausgegeben und übersetzt von Gio Batta Bucciol und Georg Dörr. Tübingen, Narr 1986, S. 68–69.

Montale, Eugenio, „Prosa veneziana", in: E.M., *L'opera in versi.* Edizione critica a cura di Rosanna Bettarini e Gianfranco Contini. Torino, Einaudi 1980, S. 391.

Penna, Sandro, *Tutte le opere di Sandro Penna. Tutte le poesie.* Milano, Garzanti 1977.

Palazzeschi, Aldo, „Venezia", „Santa Maria della Salute", „I Marinai", in: A. P., *Cuor mio*. Milano, Mondadori 1968.

Petrarca, Francesco, „Sed animi quam consilii maioris", in: F. P., *Le Familiari*. Edizione critica per cura di Vittorio Rossi. Volume terzo: Libri XII–XIX. Firenze, Sansoni 1937, S. 330–331. Dt. Übersetzung in: *Briefe des Francesco Petrarca*. Eine Auswahl, übersetzt von Hans Nachod und Paul Stern. Berlin 1931, S. 209–210.

De Pisis, Filippo, „Notte veneziana" und „Giardino secreto", in: F. De P., *Cattività veneziana*. Milano 1966, S. 24 f.

Pozzi, Antonia, *Parole. Diario di poesia*. Prefazione di Eugenio Montale. Milano, Mondadori 1948, S. 111. Dt. Übersetzung in: Antonia Pozzi, *Parole. Diario di poesia* / Antonia Pozzi, *Tag für Tag. Ein dichterisches Vermächtnis*. A cura di / Übertragen von Ernst Wiegand Junker. Amandus-Verlag o. J., S. 119.

Quarantotti Gambini, Pier Antonio, „Venezia", „Le barche che nel rio", „L'Acqua alta", in: P.A.Q.G., *Al sole e al vento*. Torino, Einaudi o. J., S. 126–128.

Sannazaro, Jacopo, „De mirabili urbe Venetiis" und dt. Übertragung in: Eduard Mörike, *Sämtliche Werke in vier Bänden*, München/Wien, Hanser 1981, Bd. I, S. 240; auch in Pascal Morché (Hrsg.), *Venedig im Gedicht*. Frankfurt a. M., Insel 1986, S. 34.

Stefani, Mario, „Venezia" und „Il resto è silenzio", in: *Venezia. Itinerari poetici*, a cura di Giovanni Distefano/Mariuccia Regina. Venezia, Supernova Edizioni 1992, S. 97, 63.

Valeri, Diego, „Ottobre di Venezia", in: D.V., *Poesie*. Milano, Mondadori 1967, S. 122–123.

Valeri, Diego, „Primavera a Venezia" (1930) und „Riva" (1950), in: *Poeti italiani del XX secolo*, a cura di Alberto Frattini e Pasquale Tuscano, editrice La Scuola, Brescia III edizione 1981, S. 820–823.

Valeri, Diego, „Veneziana", „Riva di piena", in: Giacinto Spagnoletti, *Poesia italiana contemporanea 1909–1959*. Bologna, Guanda 1959, S. 171–173.

Zanzotto, Andrea, „Venezia, forse", in: Fulvio Roiter, *Essere Venezia*. Udine, Magnus Edizioni 1977. Hier zitiert nach: *Venezia tra passato e futuro*, a cura di Marie-Elisabeth Schauerte. Bielefeld, Ampal Verlag 1989, S. 218–219.

Auswahlbibliographie

Bec, Christian, *Histoire de Venise*. Paris, PUF 1998.

Benevolo, Leonardo, *La Città Europea*. Rom-Bari, Laterza 1993. Dt. Übersetzung: *Die Stadt in der europäischen Geschichte*. München, Beck 1999.

Braudel, Fernand, *Venise*. Paris, Arthaud 1997.

Brodkey, Harold, *Venedig*. Hamburg, Rowohlt 1998.

Brown, Patricia Fortini, *Renaissance in Venedig. Kunst und Kultur in der Stadt der Dogen*. A.d. Engl. Köln 1998.

Cacciapaglia, Giacomo (Hrsg.), *Deutschsprachige Schriftsteller und Venedig vom XV. Jahrhundert bis heute/Scrittori di lingua tedesca e Venezia dal XV secolo a oggi*. Venedig 1985.

Corbineau-Hoffmann, Angelika, *Paradoxie der Fiktion. Literarische Venedig-Bilder 1797–1984*. New York 1994.

Crivellari, Domenico, *Venedig. Geschichte, Kunst und Kultur der Lagunenstadt*. A.d. Italien. München 1982.

Dieterle, Bernard, *Die versunkene Stadt. Sechs Kapitel zum literarischen Venedig-Mythos*. Frankfurt a.M. u.a., Lang 1995.

Goy, Richard, *Stadt in der Lagune. Leben und Bauen in Venedig*. A.d. Engl. München 1998.

Gretter, Susanne, *Europa erlesen. Venedig*. Klagenfurt, Wieser 1997.

Honour, Hugh, *Venedig. Ein Führer*. Darmstadt, Wissenschaftliche Buchgesellschaft [6]2000.

Italienische Dichtung aus acht Jahrhunderten … un cantico che forse non morrà. Ausgewählt, übersetzt und kommentiert von Wilhelm Theodor Elwert. Hrsg. von Marianne Albrecht-Bott. Darmstadt, Wissenschaftliche Buchgesellschaft 1997.

Italienische Lyrik der Gegenwart. Hrsg. und übersetzt von Franco de Faveri und Regine Wagenknecht. München, Beck 1980.

Langewiesche, Marianne, *Venedig, Geschichte und Kunst*. Köln [5]1981.

Maurer, Doris und Maurer, Arnold E., *Venedig. Der literarische Führer*. Frankfurt a.M. 1993.

Morché, Pascal (Hrsg.), *Venedig im Gedicht*. Frankfurt a.M., Insel 1986.

Petersen, Elisabeth, *Venezianische Nacht. Literarische Streifzüge*. München, Verlag Elisabeth Petersen 2000.

Reichel, Jochen (Hrsg.), *Der Tod von Venedig. Ein Lesebuch zur literarischen Geschichte einer Stadt*. Berlin 1991.

Romanelli, Giandomenico (Hrsg.), *Venedig. Kunst & Architektur*. 2 Bände. Köln, Könemann 1997.

Ross, Werner, *Venezianische Promenade*. Berlin, Siedler 1996.

Rüber, Judith, *Venedig. Literarische Intermezzi auf Brücken, Plätzen und Kanälen*. Stuttgart, Klett-Cotta 2002.

Salvatore, Gaston, *Venedig*. München 1995.

Schenk, Christiane, *Venedig im Spiegel der Décadence-Literatur*. Frankfurt a.M. u.a., Lang 1987.

Venezia. Kunst aus venezianischen Palästen. Sammlungsgeschichte Venedigs vom 13. bis 19. Jahrhundert. Kunst- und Ausstellungshalle der Bundesrepublik Deutschland, 27. September 2002 bis 12. Januar 2003 (Ausstellungskatalog).

Waiblinger, Franz Peter, *Venedig. Ein literarischer Reiseführer.* Darmstadt, Wissenschaftliche Buchgesellschaft 2003.

Zorzi, Alvise, *Venedig. Die Geschichte der Löwenrepublik.* A. d. Italien. Hildesheim ²1992.

Zorzi, Alvise, *Canal Grande. Biographie einer Wasserstraße.* A. d. Italien. Hildesheim 1993.

Zucconi, G., *Architekturführer Venedig.* A. d. Italien. Stuttgart 1993.